Sabores de Italia 2023

Un viaje culinario a través de la cocina tradicional italiana

Marco Cangi

TABLA DE CONTENIDO

Chuletas De Cerdo Marinadas A La Parrilla 8

Costillas de cerdo al estilo Friuli 10

Costillas con Salsa de Tomate 12

Costillas especiadas, estilo toscano 14

costillas y frijoles 16

Chuletas De Cerdo Picantes Con Pimientos Encurtidos 18

Chuletas De Cerdo Con Romero Y Manzanas 20

Chuletas De Cerdo Con Salsa De Champiñones Y Tomate 22

Chuletas De Cerdo Con Porcini Y Vino Tinto 24

Chuletas De Cerdo Con Col 26

Chuletas De Cerdo Con Hinojo Y Vino Blanco 28

Chuletas De Cerdo, Estilo Pizzero 30

Chuletas De Cerdo A La Molise 32

Lomo De Cerdo Glaseado Con Balsámico, Rúcula Y Parmigiano 34

Solomillo De Cerdo A Las Hierbas 37

Solomillo De Cerdo A La Calabria Con Miel Y Chile 39

Cerdo Asado Con Patatas Y Romero 42

Lomo de Cerdo al Limón 44

Lomo De Cerdo Con Manzanas Y Grappa 47

Cerdo Asado Con Avellanas Y Nata 49

Lomo De Cerdo Toscano 52

Paletilla De Cerdo Asado Con Hinojo 54

Cochinillo Asado 56

Asado de lomo de cerdo especiado sin hueso 60

Paletilla De Cerdo Estofada En Leche 63

Paletilla De Cerdo Estofada Con Uvas 65

Paletilla De Cerdo A La Cerveza 67

Chuletas De Cordero Al Vino Blanco 69

Chuletas De Cordero Con Alcaparras, Limón Y Salvia 71

Chuletas De Cordero En Cobertura Crujiente 73

Chuletas De Cordero Con Alcachofas Y Aceitunas 75

Chuletas De Cordero Con Salsa De Tomate, Alcaparras Y Anchoas 77

Chuletas De Cordero "Quemarse Los Dedos" 79

Cordero a la Brasa, Estilo Basilicata 81

Brochetas de cordero a la parrilla 83

Estofado de Cordero al Romero, Menta y Vino Blanco 85

Estofado de cordero de Umbría con puré de garbanzos 88

Cordero estilo cazador 91

Guiso de cordero, patata y tomate 94

Estofado de cordero y pimientos 96

Cazuela De Cordero Con Huevos 98

Cordero o Cabrito con Patatas a la Siciliana 101

Cazuela de patata y cordero de Apulia 104

Piernas de Cordero con Garbanzos 107

Piernas de Cordero con Pimientos y Prosciutto 109

Piernas de Cordero con Alcaparras y Aceitunas 112

Piernas de Cordero en Salsa de Tomate 114

Cordero Asado a la Olla con Clavo, a la Romana 116

Calabacín Relleno De Atún 119

Calabacín frito 122

Flanes De Calabacín 124

Calabaza de invierno agridulce 127

Vegetales asados 130

Verduras de raíz de invierno asadas 133

Guiso de verduras de verano 135

Cazuela De Verduras En Capas 138

Pan Casero 143

Pan de Hierbas 146

Pan de Queso Estilo Marches 149

Rollitos De Maíz Dorado 152

Pan de Aceitunas Negras 155

Pan Stromboli 158

Pan de Queso con Nueces 161

Rollos De Tomate 164

Brioche Campestre 167

Pan de papel con música sarda 170

Pan plano de cebolla roja 173

Pan plano de vino blanco 176

Pan plano de tomates secados al sol 179

Pan plano de patata romana 182

Panes a la Plancha de Emilia-Romaña 185

palitos de pan 188

Anillos de hinojo 191

Aros De Almendra Y Pimienta Negra 194

Pizza casera 197

Masa de pizza al estilo napolitano 201

Pizza de mozzarella, tomate y albahaca 204

Pizza de tomate, ajo y orégano 206

Pizza con Champiñones Silvestres 208

Calzoni 211

Buñuelos De Anchoa 215

Chuletas De Cerdo Marinadas A La Parrilla

Braciole di Maiale ai Ferri

Hace 6 porciones

Esta es una gran receta para cenas rápidas de verano. Para probar la cocción de las chuletas de cerdo, haga un pequeño corte cerca del hueso. La carne aún debe estar ligeramente rosada.

1 taza de vino blanco seco

¼ taza de aceite de oliva

1 cebolla pequeña, en rodajas finas

1 diente de ajo, finamente picado

1 cucharada de romero fresco picado

1 cucharada de salvia fresca picada

6 chuletas de lomo de cerdo cortadas en el centro, de aproximadamente 3/4 de pulgada de grosor

Rodajas de limón, para decorar

1. Combine el vino, el aceite, la cebolla, el ajo y las hierbas en una fuente para hornear lo suficientemente grande como para

contener las chuletas en una sola capa. Agregue las chuletas, cubra y refrigere por lo menos 1 hora.

2. Coloque una parrilla para barbacoa o una rejilla para asar a unas 5 pulgadas de la fuente de calor. Precaliente la parrilla o el asador. Seque las chuletas con toallas de papel.

3. Ase la carne a la parrilla de 5 a 8 minutos, o hasta que esté bien dorada. Voltee las chuletas con pinzas y cocine del otro lado durante 6 minutos, o hasta que estén doradas y ligeramente rosadas cuando las corte cerca del hueso. Servir caliente, adornado con rodajas de limón.

Costillas de cerdo al estilo Friuli

Spuntature de Maiale alla Friulana

Rinde de 4 a 6 porciones

En Fruili, las costillas se cuecen a fuego lento hasta que la carne esté tierna y se desprenda del hueso. Sírvelos con puré de papas o un risotto simple.

2 tazas caserasCaldo de carneo caldo de res comprado en la tienda

3 libras de costillas de cerdo, cortadas en costillas individuales

¾ taza de harina para todo uso

Sal y pimienta negra recién molida

3 cucharadas de aceite de oliva

1 cebolla grande, picada

2 zanahorias medianas, picadas

½ taza de vino blanco seco

1. Prepara el caldo, si es necesario. Seque las costillas con toallas de papel.

2. En un trozo de papel encerado, combine la harina y sal y pimienta al gusto. Enrolle las costillas en la harina, luego agítelas para eliminar el exceso.

3. En una cacerola ancha y pesada, caliente el aceite a fuego medio. Agregue tantas costillas como quepan cómodamente en una sola capa y dórelas bien por todos lados, aproximadamente 15 minutos. Transferir las costillas a un plato. Repita hasta que todas las costillas estén doradas. Escurra todo menos 2 cucharadas de grasa.

4. Agregue la cebolla y las zanahorias a la sartén. Cocine, revolviendo ocasionalmente, hasta que esté ligeramente dorado, aproximadamente 10 minutos. Agregue el vino y cocine 1 minuto, raspando y mezclando los trozos dorados en el fondo de la sartén con una cuchara de madera. Regrese las costillas a la sartén y agregue el caldo. Lleve el líquido a fuego lento. Reduzca el fuego a bajo, cubra y cocine, revolviendo ocasionalmente, aproximadamente 1 1/2 horas, o hasta que la carne esté muy tierna y se desprenda de los huesos. (Agregue agua si la carne se vuelve demasiado seca).

5. Transfiera las costillas a una fuente de servir caliente y sirva de inmediato.

Costillas con Salsa de Tomate

Puntatura al Pomodoro

Rinde de 4 a 6 porciones

Mi esposo y yo comimos costillas como estas en una osteria favorita, un restaurante informal de estilo familiar en Roma llamado Enoteca Corsi. Solo abre para el almuerzo y el menú es muy limitado. Pero todos los días se llena de hordas de trabajadores de las oficinas cercanas atraídos por sus precios muy justos y su deliciosa comida casera.

2 cucharadas de aceite de oliva

3 libras de costillas de cerdo, cortadas en costillas individuales

Sal y pimienta negra recién molida

1 cebolla mediana, finamente picada

1 zanahoria mediana, finamente picada

1 costilla de apio tierna, finamente picada

2 dientes de ajo, finamente picados

4 hojas de salvia picadas

½ taza de vino blanco seco

2 tazas de tomates triturados enlatados

1. En un horno holandés o una cacerola ancha y pesada, caliente el aceite a fuego medio. Agregue solo lo suficiente de las costillas para que quepan cómodamente en la sartén. Dorarlos bien por todos lados, unos 15 minutos. Transferir las costillas a un plato. Espolvorear con sal y pimienta. Continúe con las costillas restantes. Cuando todo esté listo, retire con una cuchara todo menos 2 cucharadas de grasa.

2. Agregue la cebolla, la zanahoria, el apio, el ajo y la salvia, y cocine hasta que se ablanden, aproximadamente 5 minutos. Agregue el vino y cocine a fuego lento durante 1 minuto, revolviendo con una cuchara de madera y raspando y mezclando los trozos dorados en el fondo de la sartén.

3. Regrese las costillas a la sartén. Agregue los tomates y sal y pimienta al gusto. Cocine de 1 a 1 1/2 horas, o hasta que las costillas estén muy tiernas y la carne se despegue de los huesos.

4. Transfiera las costillas y la salsa de tomate a un plato para servir y sirva de inmediato.

Costillas especiadas, estilo toscano

Spuntature alla toscana

Rinde de 4 a 6 porciones

Con amigos de la empresa de aceite de oliva Lucini, visité la casa de los oleicultores en la región de Chianti en la Toscana. Nuestro grupo de periodistas almorzó en un olivar. Después de varios bruschette y salami, nos sirvieron bistec, salchichas, costillas y verduras, todo a la parrilla sobre esquejes de vid. Las costillas de cerdo marinadas en un sabroso roce de aceite de oliva y especias molidas fueron mis favoritas, y todos tratamos de adivinar qué había en la mezcla. La canela y el hinojo fueron fáciles, pero a todos nos sorprendió saber que otra especia era el anís estrellado. Me gusta usar costillitas pequeñas para esta receta, pero las costillas también estarían bien.

anís 2 estrellas

1 cucharada de semillas de hinojo

6 bayas de enebro, ligeramente trituradas con el filo de un cuchillo pesado

1 cucharada de sal marina kosher o fina

1 cucharadita de canela

1 cucharadita de pimienta negra finamente molida

Una pizca de pimiento rojo triturado

4 cucharadas de aceite de oliva

4 libras de costillitas, cortadas en costillas individuales

1. En un molinillo de especias o licuadora, combine el anís estrellado, el hinojo, el enebro y la sal. Moler hasta que quede fino, alrededor de 1 minuto.

2. En un tazón grande y poco profundo, combine el contenido del molinillo de especias con la canela y la pimienta negra y roja. Agregue el aceite y revuelva bien. Frota la mezcla por todas las costillas. Coloque las costillas en el recipiente. Cubra con una envoltura de plástico y refrigere 24 horas, revolviendo ocasionalmente.

3. Coloque una parrilla para barbacoa o una rejilla para asar a unas 6 pulgadas de la fuente de calor. Precaliente la parrilla o el asador. Seque las costillas con palmaditas, luego cocine a la parrilla o ase las costillas, volteándolas con frecuencia, hasta que estén doradas y bien cocidas, aproximadamente 20 minutos. Servir caliente.

costillas y frijoles

Puntini y Fagioli

Hace 6 porciones

Cuando sé que tengo una semana ocupada por delante, me gusta hacer guisos como este. Solo mejoran cuando se preparan con anticipación y solo necesitan un recalentamiento rápido para hacer una cena satisfactoria. Sirva estos con verduras cocidas como espinacas o escarola, o una ensalada verde.

2 cucharadas de aceite de oliva

3 libras de costillas de cerdo al estilo campestre, cortadas en costillas individuales

1 cebolla, picada

1 zanahoria, picada

1 diente de ajo, finamente picado

2 1/2 libras de tomates frescos, pelados, sin semillas y picados, o 1 lata (28 onzas) de tomates pelados, picados

1 ramita de romero (3 pulgadas)

1 taza de agua

Sal y pimienta negra recién molida

3 tazas de frijoles cannellini o arándanos cocidos o enlatados, escurridos

1. En un horno holandés grande u otra olla profunda y pesada con una tapa que cierre bien, caliente el aceite a fuego medio. Agregue solo lo suficiente de las costillas para que quepan cómodamente en la sartén. Dorarlos bien por todos lados, unos 15 minutos. Transferir las costillas a un plato. Espolvorear con sal y pimienta. Continúe con las costillas restantes. Cuando todo esté listo, vierta todo menos 2 cucharadas de grasa.

2. Agregue la cebolla, la zanahoria y el ajo a la olla. Cocine, revolviendo con frecuencia, hasta que las verduras estén tiernas, unos 10 minutos. Agrega las costillas, luego los tomates, el romero, el agua y sal y pimienta al gusto. Llevar a fuego lento a fuego lento y cocinar 1 hora.

3. Agregue los frijoles, cubra y cocine por 30 minutos o hasta que la carne esté muy tierna y se desprenda del hueso. Pruebe y ajuste la sazón. Servir caliente.

Chuletas De Cerdo Picantes Con Pimientos Encurtidos

Braciole de Maiale con Peperoncini

Hace 4 porciones

Los chiles picantes en escabeche y los pimientos dulces en escabeche son una buena guarnición para las chuletas de cerdo jugosas. Ajuste las proporciones de los chiles y pimientos dulces a su gusto. Sirva estos con papas fritas.

2 cucharadas de aceite de oliva

4 chuletas de lomo de cerdo cortadas en el centro, cada una de aproximadamente 1 pulgada de grosor

Sal y pimienta negra recién molida

4 dientes de ajo, en rodajas finas

1 1/2 tazas de pimientos dulces en escabeche rebanados

1/4 taza de pimientos picantes encurtidos en rodajas, como peperoncini o jalapeños, o más pimientos dulces

2 cucharadas de jugo de escabeche o vinagre de vino blanco

2 cucharadas de perejil de hoja plana fresco picado

1. En una sartén grande y pesada, caliente el aceite a fuego medio-alto. Seque las chuletas con toallas de papel y luego espolvoréelas con sal y pimienta. Cocine las chuletas hasta que estén doradas, unos 2 minutos, luego déles la vuelta con unas pinzas y dore por el otro lado, unos 2 minutos más.

2. Reduzca el fuego a medio. Esparza las rodajas de ajo alrededor de las chuletas. Cubra la sartén y cocine de 5 a 8 minutos o hasta que las chuletas estén tiernas y ligeramente rosadas cuando se cortan cerca del hueso. Regular el fuego para que el ajo no se ponga marrón oscuro. Transfiera las chuletas a una fuente para servir y cúbralas para mantenerlas calientes.

3. Agregue los pimientos dulces y picantes y el jugo de encurtido o vinagre a la sartén. Cocine, revolviendo, durante 2 minutos o hasta que los pimientos estén bien calientes y los jugos estén almibarados.

4. Agrega el perejil. Vierta el contenido de la sartén sobre las chuletas y sirva inmediatamente.

Chuletas De Cerdo Con Romero Y Manzanas

braciole al mele

Hace 4 porciones

El sabor agridulce de las manzanas es un complemento perfecto para las chuletas de cerdo. Esta receta es de Friuli- Venezia Giulia.

4 chuletas de cerdo cortadas en el centro, cada una de aproximadamente 1 pulgada de grosor

Sal y pimienta negra recién molida

1 cucharada de romero fresco picado

1 cucharada de mantequilla sin sal

4 manzanas golden delicious, peladas y cortadas en trozos de 1/2 pulgada

1/2 taza Caldo de pollo

1. Seque la carne con toallas de papel. Espolvorea las chuletas por ambos lados con la sal, la pimienta y el romero.

2. En una sartén grande y pesada, derrita la mantequilla a fuego medio. Agregue las chuletas y cocine hasta que estén bien

doradas por un lado, aproximadamente 2 minutos. Voltee las chuletas con pinzas y dore por el otro lado, unos 2 minutos más.

3. Reparta las manzanas alrededor de las chuletas y vierta el caldo. Cubra la sartén y baje el fuego a bajo. Cocine de 5 a 10 minutos, volteando las chuletas una vez, hasta que estén tiernas y ligeramente rosadas cuando se cortan cerca del hueso. Servir inmediatamente.

Chuletas De Cerdo Con Salsa De Champiñones Y Tomate

Costolette de Maiale con Funghi

Hace 4 porciones

Cuando compre chuletas de cerdo, busque chuletas de tamaño y grosor similares para que se cocinen uniformemente. Champiñones blancos, vino y tomates son la salsa para estas chuletas de cerdo. Este mismo tratamiento también es bueno para las chuletas de ternera.

4 cucharadas de aceite de oliva

4 chuletas de lomo de cerdo cortadas en el centro, cada una de aproximadamente 1 pulgada de grosor

Sal y pimienta negra recién molida

1/2 taza de vino blanco seco

1 taza de tomates frescos o enlatados picados

1 cucharada de romero fresco picado

1 paquete (12 onzas) de champiñones blancos, ligeramente enjuagados, sin tallo y cortados por la mitad o en cuartos si son grandes

1. En una sartén grande y pesada, caliente 2 cucharadas de aceite a fuego medio. Espolvorea las chuletas con sal y pimienta. Coloque las chuletas en la sartén en una sola capa. Cocine hasta que estén bien dorados por un lado, aproximadamente 2 minutos. Voltee las chuletas con pinzas y dore por el otro lado, alrededor de 1 a 2 minutos más. Transferir las chuletas a un plato.

2. Agrega el vino a la sartén y lleva a fuego lento. Agrega los tomates, el romero y sal y pimienta al gusto. Tape y cocine 10 minutos.

3. Mientras tanto, en una sartén mediana, caliente las 2 cucharadas de aceite restantes a fuego medio. Añadir los champiñones, y sal y pimienta al gusto. Cocine, revolviendo con frecuencia, hasta que el líquido se evapore y los champiñones estén dorados, unos 10 minutos.

4. Regrese las chuletas de cerdo a la sartén con la salsa de tomate. Agregue los champiñones. Cubra y cocine de 5 a 10 minutos más o hasta que la carne de cerdo esté bien cocida y la salsa esté ligeramente espesa. Servir inmediatamente.

Chuletas De Cerdo Con Porcini Y Vino Tinto

Costolette con hongos y vino

Hace 4 porciones

Dorar chuletas u otros cortes de carne agrega sabor y mejora su apariencia. Siempre seque las chuletas con palmaditas justo antes de dorarlas, ya que la humedad de la superficie hará que la carne se cocine al vapor y no se dore. Después de dorar, estas chuletas se cuecen a fuego lento con boletus secos y vino tinto. Un toque de crema espesa le da a la salsa una textura suave y un rico sabor.

1 onza de champiñones porcini secos

1 1/2 tazas de agua tibia

2 cucharadas de aceite de oliva

4 chuletas de lomo de cerdo cortadas en el centro, de aproximadamente 1 pulgada de grosor

Sal y pimienta negra recién molida

1/2 taza de vino tinto seco

1/4 taza de crema espesa

1. Colocar los champiñones en un bol con el agua. Deje reposar 30 minutos. Retire los champiñones del líquido y enjuáguelos bien con agua corriente, prestando especial atención a la base de los tallos donde se acumula la tierra. Escurrir, luego picar bien. Vierta el líquido de remojo a través de un colador de papel forrado con filtro de café en un tazón.

2. En una sartén grande, caliente el aceite a fuego medio. Seque las chuletas. Coloque las chuletas en la sartén en una sola capa. Cocine hasta que estén bien dorados, aproximadamente 2 minutos. Voltee las chuletas con pinzas y dore por el otro lado, alrededor de 1 a 2 minutos más. Espolvorear con sal y pimienta. Transferir las chuletas a un plato.

3. Agregue el vino a la sartén y cocine a fuego lento durante 1 minuto. Añadir los boletus y su líquido de remojo. Reduce el calor al mínimo. Cocine a fuego lento de 5 a 10 minutos, o hasta que el líquido se reduzca. Agregue la crema y cocine 5 minutos más.

4. Regrese las chuletas a la sartén. Cocine 5 minutos más, o hasta que las chuletas estén bien cocidas y la salsa esté espesa. Servir inmediatamente.

Chuletas De Cerdo Con Col

Costolette de Maiale con Cavolo Rosso

Hace 4 porciones

El vinagre balsámico agrega color y dulzura al repollo rojo y ofrece un buen equilibrio a la carne de cerdo. No es necesario utilizar un vinagre balsámico envejecido para esta receta. Guárdelo para usarlo como condimento para queso o carne cocida.

2 cucharadas de aceite de oliva

4 chuletas de lomo de cerdo cortadas en el centro, de aproximadamente 1 pulgada de grosor

Sal y pimienta negra recién molida

1 cebolla grande, picada

2 dientes de ajo grandes, finamente picados

2 libras de repollo rojo, cortado en tiras finas

¼ taza de vinagre balsámico

2 cucharadas de agua

1. En una sartén grande, caliente el aceite a fuego medio. Seque las chuletas con toallas de papel. Agregue las chuletas a la sartén. Cocine hasta que esté bien dorado, aproximadamente 2 minutos. Voltee la carne con pinzas y dore por el otro lado, alrededor de 1 a 2 minutos más. Espolvorear con sal y pimienta. Transferir las chuletas a un plato.

2. Agregue la cebolla a la sartén y cocine 5 minutos. Agregue el ajo y cocine 1 minuto más.

3. Agregue el repollo, el vinagre balsámico, el agua y la sal al gusto. Tape y cocine, revolviendo ocasionalmente, hasta que el repollo esté tierno, aproximadamente 45 minutos.

4. Agregue las chuletas a la sartén y cocine, volteando las chuletas una o dos veces en la salsa, hasta que la carne esté bien cocida y ligeramente rosada cuando se corte cerca del hueso, unos 5 minutos más. Servir inmediatamente.

Chuletas De Cerdo Con Hinojo Y Vino Blanco

Braciole de Maiale al Vino

Hace 4 porciones

No queda mucha salsa en la sartén cuando estas chuletas están listas, solo una o dos cucharadas de glaseado concentrado para humedecer la carne. Si prefiere no usar semillas de hinojo, intente sustituirlas por una cucharada de romero fresco.

2 cucharadas de aceite de oliva

4 chuletas de lomo de cerdo cortadas en el centro, de aproximadamente 1 pulgada de grosor

1 diente de ajo, ligeramente machacado

Sal y pimienta negra recién molida

2 cucharaditas de semillas de hinojo

1 taza de vino blanco seco

1. En una sartén grande, caliente el aceite a fuego medio-alto. Seque las chuletas de cerdo. Agregue las chuletas de cerdo y el ajo a la sartén. Cocine hasta que las chuletas estén doradas, aproximadamente 2 minutos. Espolvorea con las semillas de

hinojo y la sal y la pimienta. Voltee las chuletas con pinzas y dore el otro lado, aproximadamente 1 a 2 minutos más.

2. Añadir el vino y llevar a fuego lento. Cubra y cocine de 3 a 5 minutos o hasta que las chuletas estén completamente cocidas y apenas rosadas cuando se cortan cerca del hueso.

3. Transfiera las chuletas a un plato y deseche el ajo. Cocine los jugos de la sartén hasta que estén reducidos y almibarados. Vierta los jugos sobre las chuletas y sirva inmediatamente.

Chuletas De Cerdo, Estilo Pizzero

Braciole alla Pizzaiola

Hace 4 porciones

En Nápoles, las chuletas de cerdo y los filetes también se pueden preparar alla pizzaiola, al estilo del pizzero. La salsa se suele servir sobre espaguetis como primer plato. Las chuletas se sirven como segundo plato con una ensalada verde. Debería haber suficiente salsa para media libra de espagueti, con una cucharada más o menos para servir con las chuletas.

2 cucharadas de aceite de oliva

4 chuletas de costilla de cerdo, de aproximadamente 1 pulgada de grosor

Sal y pimienta negra recién molida

2 dientes de ajo grandes, finamente picados

1 lata (28 onzas) de tomates pelados, escurridos y picados

1 cucharadita de orégano seco

Pizca de pimiento rojo triturado

2 cucharadas de perejil de hoja plana fresco picado

1. En una sartén grande, caliente el aceite a fuego medio. Seca las chuletas y espolvorea con sal y pimienta. Agregue las chuletas a la sartén. Cocine hasta que las chuletas estén doradas, aproximadamente 2 minutos. Voltee las chuletas con pinzas y dore por el otro lado, unos 2 minutos más. Transferir las chuletas a un plato.

2. Agregue el ajo a la sartén y cocine 1 minuto. Agregue los tomates, el orégano, el pimiento rojo y sal al gusto. Lleve la salsa a fuego lento. Cocine, revolviendo ocasionalmente, durante 20 minutos o hasta que la salsa se espese.

3. Regrese las chuletas a la salsa. Cocine 5 minutos, volteando las chuletas una o dos veces, hasta que estén bien cocidas y ligeramente rosadas cuando se cortan cerca del hueso. Espolvorear con perejil. Sirva inmediatamente, o si usa la salsa para espagueti, cubra las chuletas con papel aluminio para mantener el calor.

Chuletas De Cerdo A La Molise

Pampanella sammartinense

Hace 4 porciones

Estas chuletas son picantes e inusuales. Hubo un tiempo en que los cocineros de Molise secaban sus propios pimientos rojos dulces al sol para hacer paprika. Hoy en día, en Italia se usa pimentón dulce hecho comercialmente. En los Estados Unidos, use pimentón importado de Hungría para obtener el mejor sabor.

Asar chuletas de cerdo a la parrilla es complicado porque pueden secarse muy fácilmente. Míralos con cuidado y cocínalos solo hasta que la carne esté ligeramente rosada cerca del hueso.

¼ taza de pimentón dulce

2 dientes de ajo, picados

1 cucharadita de sal

Pimienta roja molida

2 cucharadas de vinagre de vino blanco

4 chuletas de lomo de cerdo cortadas en el centro, de aproximadamente 1 pulgada de grosor

1. En un tazón pequeño, mezcle el pimentón, el ajo, la sal y una pizca generosa de pimiento rojo triturado. Agregue el vinagre y revuelva hasta que quede suave. Coloque las chuletas en un plato y úntelas por todos lados con la pasta. Cubra y refrigere de 1 hora a toda la noche.

2. Coloque una parrilla para barbacoa o una rejilla para asar a unas 6 pulgadas de la fuente de calor. Precaliente la parrilla o el asador. Cocine las chuletas de cerdo hasta que estén doradas por un lado, unos 6 minutos, luego dé vuelta la carne con unas pinzas y dore el otro lado, unos 5 minutos más. Corta las chuletas cerca del hueso; la carne debe estar ligeramente rosada. Servir inmediatamente.

Lomo De Cerdo Glaseado Con Balsámico, Rúcula Y Parmigiano

Maiale al Balsámico con Insalata

Hace 6 porciones

Los lomos de cerdo son de cocción rápida y bajos en grasa. Aquí, las rebanadas de cerdo glaseadas se combinan con una ensalada de rúcula crujiente. Si no puede encontrar rúcula, sustituya por berros.

2 lomos de cerdo (aproximadamente 1 libra cada uno)

1 diente de ajo, finamente picado

1 cucharada de vinagre balsámico

1 cucharadita de miel

Sal y pimienta negra recién molida

Ensalada

2 cucharadas de aceite de oliva

1 cucharada de vinagre balsámico

Sal y pimienta negra recién molida

6 tazas de rúcula cortada, enjuagada y seca

Un trozo de Parmigiano-Reggiano

1. Coloque una rejilla en el centro del horno. Precaliente el horno a 450°F. Engrase un molde para hornear lo suficientemente grande como para contener el cerdo.

2. Seque la carne de cerdo con toallas de papel. Dobla los extremos delgados hacia abajo para que tenga un grosor uniforme. Coloque los solomillos a una pulgada de distancia en la sartén.

3. En un tazón pequeño, mezcle el ajo, el vinagre, la miel y sal y pimienta al gusto.

4. Cepille la mezcla sobre la carne. Coloque el cerdo en el horno y ase 15 minutos. Vierta 1/2 taza de agua alrededor de la carne. Ase de 10 a 20 minutos más o hasta que estén doradas y tiernas. (La carne de cerdo está lista cuando la temperatura interna alcanza los 150 °F en un termómetro de lectura instantánea). Retire la carne de cerdo del horno. Déjalo en la sartén y déjalo reposar al menos 10 minutos.

5. En un tazón grande, mezcle el aceite, el vinagre y la sal y la pimienta al gusto. Agregue la rúcula y mezcle con el aderezo.

Apila la rúcula en el centro de una fuente grande o de platos individuales.

6. Rebane la carne de cerdo en rodajas finas y colóquela alrededor de las verduras. Rocíe con los jugos de la sartén. Con un pelador de verduras de hoja giratoria, corte finas rodajas de Parmigiano-Reggiano sobre la rúcula. Servir inmediatamente.

Solomillo De Cerdo A Las Hierbas

Fileto di Maiale alle Erbe

Hace 6 porciones

Los lomos de cerdo ahora están fácilmente disponibles, generalmente empacados de dos en un paquete. Son magros y tiernos, si no demasiado cocidos, aunque el sabor es muy suave. Asarlos a la parrilla les da más sabor y se pueden servir calientes oa temperatura ambiente.

2 lomos de cerdo (aproximadamente 1 libra cada uno)

2 cucharadas de aceite de oliva

2 cucharadas de salvia fresca picada

2 cucharadas de albahaca fresca picada

2 cucharadas de romero fresco picado

1 diente de ajo, finamente picado

Sal y pimienta negra recién molida

1. Seque la carne con toallas de papel. Colocar los lomos de cerdo en un plato.

2. En un tazón pequeño, mezcle el aceite, las hierbas, el ajo y sal y pimienta al gusto. Frote la mezcla sobre los solomillos. Cubra y refrigere por lo menos 1 hora o hasta toda la noche.

3. Precaliente la parrilla o el asador. Asa los solomillos de 7 a 10 minutos, o hasta que estén dorados. Voltee la carne con pinzas y cocine 7 minutos más, o hasta que un termómetro de lectura instantánea insertado en el centro indique 150 °F. Espolvorear con sal. Deje reposar la carne 10 minutos antes de cortarla. Servir caliente oa temperatura ambiente.

Solomillo De Cerdo A La Calabria Con Miel Y Chile

Carne 'ncantarata

Hace 6 porciones

Más que en cualquier otra región de Italia, los cocineros de Calabria incorporan chiles en su cocina. Los chiles se usan frescos, secos, molidos o triturados en hojuelas o en polvo, como paprika o cayena.

En Castrovillari, mi esposo y yo comimos en la Locanda di Alia, un elegante restaurante campestre y posada. El restaurante más famoso de la región está dirigido por los hermanos Alia. Gaetano es el chef, mientras que Pinuccio se encarga del frente de la casa. Su especialidad es el cerdo marinado con hinojo y chiles en salsa de miel y chiles. Pinuccio explicó que la receta, que tiene al menos doscientos años, se hizo con carne de cerdo en conserva que había sido salada y curada durante varios meses. Esta es una forma más simplificada de hacerlo.

El polen de hinojo se puede encontrar en muchas tiendas especializadas en hierbas y especias. (VerFuentes.) Se pueden usar semillas de hinojo trituradas si no hay polen disponible.

2 lomos de cerdo (aproximadamente 1 libra cada uno)

2 cucharadas de miel

1 cucharadita de sal

1 cucharadita de polen de hinojo o semillas de hinojo trituradas

Una pizca de pimiento rojo triturado

½ taza de jugo de naranja

2 cucharadas de pimentón

1. Coloque una rejilla en el centro del horno. Precaliente el horno a 425°F. Engrase un molde para hornear lo suficientemente grande como para contener el cerdo.

2. Dobla los extremos delgados de los solomillos hacia abajo para lograr un grosor uniforme. Coloque los solomillos a una pulgada de distancia en la sartén.

3. En un tazón pequeño, mezcle la miel, la sal, el polen de hinojo y el pimiento rojo triturado. Cepille la mezcla sobre la carne. Coloque el cerdo en el horno y ase 15 minutos.

4. Vierta el jugo de naranja alrededor de la carne. Ase de 10 a 20 minutos más, o hasta que estén doradas y tiernas. (La carne de cerdo está lista cuando la temperatura interna alcanza los 150 °F en un termómetro de lectura instantánea). Transfiera la carne

de cerdo a una tabla para cortar. Cubra con papel aluminio y mantenga caliente mientras prepara la salsa.

5. Coloque la bandeja para hornear a fuego medio. Agregue el pimentón y cocine, raspando el fondo de la sartén, durante 2 minutos.

6. Rebana el cerdo y sírvelo con la salsa.

Cerdo Asado Con Patatas Y Romero

Arista de Maiale con Patate

Rinde de 6 a 8 porciones

A todo el mundo le encanta este asado de cerdo: es fácil de preparar y las papas absorben los sabores del cerdo mientras se cocinan juntas en la misma sartén. Irresistible.

1 asado de lomo de cerdo deshuesado cortado en el centro (alrededor de 3 libras)

2 cucharadas de romero fresco picado

2 cucharadas de ajo fresco picado

4 cucharadas de aceite de oliva

Sal y pimienta negra recién molida

2 libras de papas nuevas, cortadas por la mitad o en cuartos si son grandes

1. Coloque una rejilla en el centro del horno. Precaliente el horno a 425°F. Engrase una asadera lo suficientemente grande como para contener el cerdo y las papas sin que se amontonen.

2. En un tazón pequeño, haga una pasta con el romero, el ajo, 2 cucharadas de aceite y una cantidad generosa de sal y pimienta. Mezcle las papas en la sartén con las 2 cucharadas restantes de aceite y la mitad de la pasta de ajo. Empuje las papas a un lado y coloque la carne con la grasa hacia arriba en el centro de la sartén. Frote o extienda la pasta restante por toda la carne.

3. Asar 20 minutos. Voltee las papas. Reduzca el calor a 350°F. Asa 1 hora más, volteando las papas cada 20 minutos. La carne estará lista cuando la temperatura interna del cerdo alcance los 150 °F en un termómetro de lectura instantánea.

4. Transfiera la carne a una tabla de cortar. Cubra sin apretar con papel aluminio y deje reposar 10 minutos. Las papas deben estar doradas y tiernas. Si es necesario, sube el fuego y cocínalos un poco más.

5. Rebane la carne y colóquela en una fuente para servir caliente rodeada por las papas. Servir caliente.

Lomo de Cerdo al Limón

Maiale con Limone

Rinde de 6 a 8 porciones

El lomo de cerdo asado con ralladura de limón es una buena cena de domingo. Lo sirvo con frijoles cannellini cocidos a fuego lento y una verdura verde como brócoli o coles de Bruselas.

Mariposar el lomo es bastante fácil de hacer si sigues las instrucciones; de lo contrario, haga que el carnicero lo maneje.

1 asado de lomo de cerdo deshuesado cortado en el centro (alrededor de 3 libras)

1 cucharadita de ralladura de limón

2 dientes de ajo, finamente picados

2 cucharadas de perejil de hoja plana fresco picado

2 cucharadas de aceite de oliva

Sal y pimienta negra recién molida

1/2 taza de vino blanco seco

1. Coloque una rejilla en el centro del horno. Precaliente el horno a 425°F. Engrase una asadera lo suficientemente grande como para contener la carne.

2. En un tazón pequeño, mezcle la ralladura de limón, el ajo, el perejil, el aceite y sal y pimienta al gusto.

3. Seque la carne con toallas de papel. Para mariposa el cerdo, colóquelo en una tabla de cortar. Con un cuchillo largo y afilado, como un cuchillo para deshuesar o un cuchillo de chef, corte la carne de cerdo casi por la mitad a lo largo, deteniéndose aproximadamente a 3/4 de pulgada de un lado largo. Abre la carne como un libro. Extienda la mezcla de limón y ajo sobre el costado de la carne. Enrolle la carne de cerdo de un lado a otro como si fuera una salchicha y átela con hilo de cocina a intervalos de 2 pulgadas. Espolvorea el exterior con sal y pimienta.

4. Coloque la carne con la grasa hacia arriba en la fuente preparada. Asar 20 minutos. Reduzca el calor a 350°F. Asar 40 minutos más. Agregue el vino y tueste de 15 a 30 minutos más, o hasta que la temperatura en un termómetro de lectura instantánea alcance los 150 °F.

5. Transfiera el asado a una tabla de cortar. Cubra la carne sin apretar con papel de aluminio. Dejar reposar 10 minutos antes de rebanar. Coloque la sartén en la estufa a fuego medio y reduzca ligeramente los jugos de la sartén. Rebane el cerdo y transfiéralo a un plato para servir. Vierta los jugos sobre la carne. Servir caliente.

Lomo De Cerdo Con Manzanas Y Grappa

Maiale con Mele

Rinde de 6 a 8 porciones

Manzanas y cebollas combinadas con grappa y romero dan sabor a este sabroso lomo de cerdo asado de Friuli-Venezia Giulia.

1 asado de lomo de cerdo deshuesado cortado en el centro (alrededor de 3 libras)

1 cucharada de romero fresco picado, y más para decorar

Sal y pimienta negra recién molida

2 cucharadas de aceite de oliva

2 manzanas Granny Smith u otras manzanas ácidas, peladas y en rodajas finas

1 cebolla pequeña, en rodajas finas

1/4 taza de grappa o brandy

1/2 taza de vino blanco seco

1. Coloque una rejilla en el centro del horno. Precaliente el horno a 350°F. Engrase ligeramente una asadera lo suficientemente grande como para contener la carne.

2. Frote la carne de cerdo con el romero, sal y pimienta al gusto y aceite de oliva. Coloque la carne con la grasa hacia arriba en la sartén y rodéela con las rodajas de manzana y cebolla.

3. Vierta la grappa y el vino sobre la carne. Ase durante 1 hora y 15 minutos, o hasta que un termómetro de lectura instantánea insertado en el centro indique 150 °F. Transfiera la carne a una tabla de cortar y cubra con papel aluminio para mantener el calor.

4. Las manzanas y las cebollas deben estar blandas. De lo contrario, vuelva a colocar la fuente en el horno y ase 15 minutos más.

5. Cuando estén tiernos, raspe las manzanas y las cebollas en un procesador de alimentos o licuadora. Haga puré hasta que quede suave. (Agregue una cucharada o dos de agua tibia para diluir la mezcla si es necesario).

6. Rebane la carne y colóquela en un plato caliente. Vierta el puré de manzana y cebolla a un lado. Decorar con romero fresco. Servir caliente.

Cerdo Asado Con Avellanas Y Nata

Arroz de Maiale alle Nocciole

Rinde de 6 a 8 porciones

Esta es una variación de una receta de cerdo asado piamontés que apareció por primera vez en mi libro Italian Holiday Cooking. Aquí la nata, junto con las avellanas, enriquece la salsa.

1 asado de lomo de cerdo deshuesado cortado en el centro (alrededor de 3 libras)

2 cucharadas de romero fresco picado

2 dientes de ajo grandes, finamente picados

2 cucharadas de aceite de oliva

Sal y pimienta negra recién molida

1 taza de vino blanco seco

½ taza de avellanas, tostadas, sin piel y picadas en trozos grandes (verCómo tostar y pelar nueces)

1 taza caseraCaldo de carneoCaldo de pollo, o caldo de res o pollo comprado en la tienda

½ taza de crema espesa

1. Coloque una rejilla en el centro del horno. Precaliente el horno a 425°F. Engrase una asadera lo suficientemente grande como para contener la carne.

2. En un tazón pequeño, mezcle el romero, el ajo, el aceite y sal y pimienta al gusto. Coloque la carne con la grasa hacia arriba en la sartén. Frote la mezcla de ajo por todo el cerdo. Asar la carne 15 minutos.

3. Vierta el vino sobre la carne. Cocine de 45 a 60 minutos más, o hasta que la temperatura de la carne de cerdo alcance los 150 °F en un termómetro de lectura instantánea y la carne esté tierna al pincharla con un tenedor. Mientras tanto, preparar las avellanas, si es necesario.

4. Transfiera la carne a una tabla de cortar. Cubrir con papel de aluminio para mantener el calor.

5. Coloque la sartén a fuego medio en la parte superior de la estufa y hierva los jugos a fuego lento. Agregue el caldo y cocine a fuego lento durante 5 minutos, raspando y mezclando los trozos dorados en el fondo de la sartén con una cuchara de madera. Agregue la crema y cocine a fuego lento hasta que espese un

poco, aproximadamente 2 minutos más. Agregue las nueces picadas y retire del fuego.

6. Rebane la carne y coloque las rebanadas en un plato para servir tibio. Vierta la salsa sobre el cerdo y sirva caliente.

Lomo De Cerdo Toscano

Arista de Maiale

Rinde de 6 a 8 porciones

Aquí hay un clásico asado de cerdo al estilo toscano. Cocinar la carne con el hueso la hace mucho más sabrosa, y los huesos también son excelentes para roer.

3 dientes de ajo grandes

2 cucharadas de romero fresco

Sal y pimienta negra recién molida

2 cucharadas de aceite de oliva

1 costilla asada cortada en el centro con hueso, alrededor de 4 libras

1 taza de vino blanco seco

1. Coloque una rejilla en el centro del horno. Precaliente el horno a 325°F. Engrase una asadera lo suficientemente grande como para contener el asado.

2. Pica muy finamente el ajo y el romero, luego colócalos en un tazón pequeño. Agregue la sal y la pimienta al gusto y mezcle

bien hasta formar una pasta. Coloque el asado con la grasa hacia arriba en la sartén. Con un cuchillo pequeño, haga cortes profundos en toda la superficie de la carne de cerdo, luego inserte la mezcla en los cortes. Frote el asado por todas partes con el aceite de oliva.

3. Ase 1 hora y 15 minutos o hasta que la carne alcance una temperatura interna de 150 °F en un termómetro de lectura instantánea. Transfiera la carne a una tabla de cortar. Cubrir con papel de aluminio para mantener el calor. Dejar reposar 10 minutos.

4. Coloque la sartén a fuego lento en la parte superior de la estufa. Agregue el vino y cocine, raspando y mezclando los trozos dorados en el fondo de la sartén con una cuchara de madera hasta que se reduzca ligeramente, aproximadamente 2 minutos. Vierta los jugos a través de un colador en un tazón y quite la grasa. Vuelva a calentar si es necesario.

5. Rebane la carne y colóquela en una fuente para servir caliente. Servir caliente con los jugos de la sartén.

Paletilla De Cerdo Asado Con Hinojo

Porchetta

Hace 12 porciones

Esta es mi versión del fabuloso cerdo asado conocido como porchetta, que se vende en todo el centro de Italia, incluidos Lazio, Umbria y Abruzzo. Las rebanadas de cerdo se venden en camiones especiales, y puedes pedirlas en un sándwich o envueltas en papel para llevar a casa. Aunque la carne es deliciosa, la piel de cerdo crujiente es la mejor parte.

El asado se cocina mucho tiempo ya temperatura alta porque es muy denso. El alto contenido de grasa mantiene la carne húmeda y la piel se vuelve dorada y crujiente. Se puede sustituir la paleta de cerdo por un jamón fresco.

1 lomo de cerdo asado (7 libras)

8 a 12 dientes de ajo

2 cucharadas de romero fresco picado

1 cucharada de semillas de hinojo

1 cucharada de sal

1 cucharadita de pimienta negra recién molida

¼ taza de aceite de oliva

1. Aproximadamente 1 hora antes de comenzar a asar la carne, retírela del refrigerador.

2. Pica muy finamente el ajo, el romero, el hinojo y la sal, luego coloca los condimentos en un tazón pequeño. Agregue la pimienta y el aceite para formar una pasta suave.

3. Con un cuchillo pequeño, haga cortes profundos en la superficie del cerdo. Inserte la pasta en las ranuras.

4. Coloque una rejilla en el tercio inferior del horno. Precaliente el horno a 350°F. Cuando esté listo, coloque el asado en el horno y cocine 3 horas. Retire con una cuchara el exceso de grasa. Ase la carne de 1 a 11/2 horas más, o hasta que la temperatura alcance los 160 °F en un termómetro de lectura instantánea. Cuando la carne esté lista, la grasa estará crujiente y de un color marrón oscuro.

5. Transfiera la carne a una tabla de cortar. Cubrir con papel aluminio para mantener el calor y dejar reposar 20 minutos. Cortar y servir caliente oa temperatura ambiente.

Cochinillo Asado

Maialino Arrosto

Rinde de 8 a 10 porciones

Un cochinillo es aquel al que no se le ha permitido comer alimento para cerdos adultos. En los Estados Unidos, los lechones suelen pesar entre 15 y 20 libras, aunque en Italia pesan la mitad de ese tamaño. Incluso con el peso más alto, realmente no hay mucha carne en un lechón, así que no planee servir a más de ocho a diez invitados. Además, asegúrese de tener una bandeja para hornear muy grande para acomodar un lechón entero, que tendrá unas 30 pulgadas de largo, y asegúrese de que su horno pueda acomodar la bandeja. Cualquier buen carnicero debería poder obtener un lechón fresco para usted, pero averigüe antes de planearlo.

Los cocineros sardos son famosos por su cochinillo, pero lo he comido en muchos lugares de Italia. El que mejor recuerdo fue parte de un almuerzo memorable disfrutado en la bodega Majo di Norante en Abruzzo.

1 cochinillo de unos 15 kilos

4 dientes de ajo

2 cucharadas de perejil de hoja plana fresco picado

1 cucharada de romero fresco picado

1 cucharada de salvia fresca picada

1 cucharadita de bayas de enebro, picadas

Sal y pimienta negra recién molida

6 cucharadas de aceite de oliva

2 hojas de laurel

1 taza de vino blanco seco

Manzana, naranja u otra fruta para decorar (opcional)

1. Coloque una rejilla en el tercio inferior del horno. Precaliente el horno a 425°F. Engrase un molde para hornear lo suficientemente grande como para contener el cerdo.

2. Enjuague bien el cerdo por dentro y por fuera y séquelo con toallas de papel.

3. Pica el ajo, el perejil, el romero, la salvia y las bayas de enebro, luego coloca los condimentos en un tazón pequeño. Agregue una cantidad generosa de sal y pimienta recién molida. Agregue dos cucharadas de aceite.

4. Coloque el cerdo de lado sobre una rejilla para asar grande en la bandeja preparada y esparza la mezcla de hierbas dentro de la cavidad del cuerpo. Añade las hojas de laurel. Corte cortes de aproximadamente 1/2 pulgada de profundidad a lo largo de ambos lados de la columna vertebral. Frote el aceite restante por toda la superficie del cerdo. Cubra las orejas y la cola con papel de aluminio. (Si desea servir el cerdo entero con una manzana u otra fruta en la boca, sostenga la boca abierta con una bola de papel de aluminio del tamaño de la fruta). Espolvoree el exterior con sal y pimienta.

5. Asar el cerdo 30 minutos. Reduzca el calor a 350°F. Bañe con el vino. Asar de 2 a 2 1/2 horas más, o hasta que un termómetro de lectura instantánea insertado en la parte carnosa del cuarto trasero registre 170 °F. Rociar cada 20 minutos con los jugos de la sartén.

6. Transfiera el cerdo a una tabla de cortar grande. Cubrir con papel aluminio y dejar reposar 30 minutos. Retire la cubierta de aluminio y la bola de aluminio de la boca, si se usa. Reemplace la bola de aluminio con la fruta, si la usa. Transferir a una fuente de servir y servir caliente.

7.Retire la grasa de los jugos de la sartén y vuelva a calentarlos a fuego lento. Vierta los jugos sobre la carne. Servir inmediatamente.

Asado de lomo de cerdo especiado sin hueso

Maiale en Porchetta

Rinde de 6 a 8 porciones

El lomo de cerdo deshuesado se asa con las mismas especias que se usan para la porchetta (lechón asado en un asador) en muchas partes del centro de Italia. Después de un breve período de cocción a fuego alto, la temperatura del horno se baja, lo que mantiene la carne tierna y jugosa.

4 dientes de ajo

1 cucharada de romero fresco

6 hojas de salvia fresca

6 bayas de enebro

1 cucharadita de sal

1/2 cucharadita de pimienta negra recién molida

1 asado de lomo de cerdo deshuesado cortado en el centro, alrededor de 3 libras

Aceite de oliva virgen extra

1 taza de vino blanco seco

1. Coloque una rejilla en el centro del horno. Precaliente el horno a 450°F. Engrase una asadera lo suficientemente grande como para contener el cerdo.

2. Picar muy finamente el ajo, el romero, la salvia y las bayas de enebro. Revuelva la mezcla de hierbas, la sal y la pimienta.

3. Con un cuchillo grande y afilado, corta la carne a lo largo por el centro, dejándola unida por un lado. Abra la carne como un libro y extienda dos tercios de la mezcla de especias sobre la carne. Cierre la carne y átela con una cuerda a intervalos de 2 pulgadas. Frote la mezcla de especias restante sobre el exterior. Coloque la carne en la sartén. Rocíe con aceite de oliva.

4. Asar el cerdo 10 minutos. Reduzca el fuego a 300°F y ase 60 minutos más, o hasta que la temperatura interna del cerdo alcance los 150°F.

5. Retire el asado a una fuente para servir y cubra con papel aluminio. Dejar reposar 10 minutos.

6. Agregue el vino a la sartén y colóquelo a fuego medio en la parte superior de la estufa. Cocine, raspando los trozos dorados en la sartén con una cuchara de madera, hasta que los jugos se

reduzcan y tengan una consistencia de jarabe. Rebane la carne de cerdo y vierta sobre los jugos de la sartén. Servir caliente.

Paletilla De Cerdo Estofada En Leche

Maiale al Latte

Rinde de 6 a 8 porciones

En Lombardía y el Véneto, la ternera, el cerdo y el pollo a veces se cocinan en leche. Esto mantiene la carne tierna y, cuando está lista, la leche hace una salsa marrón cremosa para servir con la carne.

Las verduras, la panceta y el vino agregan sabor. Utilizo una paleta deshuesada o un asado a tope para este plato porque se adapta bien a la cocción lenta y húmeda. La carne se cocina en la estufa, por lo que no es necesario encender el horno.

1 lomo de cerdo deshuesado o asado a tope (alrededor de 3 libras)

4 onzas de panceta finamente picada

1 zanahoria, finamente picada

1 costilla de apio tierna pequeña

1 cebolla mediana, finamente picada

1 litro de leche

Sal y pimienta negra recién molida

½ taza de vino blanco seco

1. En una olla holandesa grande u otra olla profunda y pesada con una tapa que cierre bien, combine la carne de cerdo, la panceta, la zanahoria, el apio, la cebolla, la leche y sal y pimienta al gusto. Lleve el líquido a fuego lento a fuego medio.

2. Cubra parcialmente la olla y cocine a fuego medio, volteando ocasionalmente, aproximadamente 2 horas o hasta que la carne esté tierna al pincharla con un tenedor.

3. Transfiera la carne a una tabla de cortar. Cubrir con papel de aluminio para mantener el calor. Suba el fuego debajo de la olla y cocine hasta que el líquido se reduzca y se dore ligeramente. Vierta los jugos a través de un colador en un tazón, luego vierta el líquido nuevamente en la olla

4. Vierta el vino en la olla y cocine a fuego lento, raspando y mezclando los trozos dorados con una cuchara de madera. Rebane la carne de cerdo y colóquela en una fuente de servir caliente. Vierta el líquido de cocción por encima. Servir caliente.

Paletilla De Cerdo Estofada Con Uvas

Maiale all'Uva

Rinde de 6 a 8 porciones

La espaldilla o la espaldilla de cerdo es particularmente buena para estofar. Se mantiene agradable y húmedo a pesar de la larga cocción a fuego lento. Solía hacer esta receta siciliana con lomo de cerdo, pero ahora encuentro que el lomo es demasiado magro y la paleta tiene más sabor.

1 libra de cebollas perla

3 libras de lomo o lomo de cerdo deshuesado, enrollado y atado

2 cucharadas de aceite de oliva

Sal y pimienta negra recién molida

¼ taza de vinagre de vino blanco

1 libra de uvas verdes sin semillas, sin tallo (alrededor de 3 tazas)

1. Traiga una olla grande con agua a hervir. Agregue las cebollas y cocine por 30 segundos. Escurrir y enfriar bajo el chorro de agua fría.

2. Con un cuchillo de cocina afilado, afeite la punta de los extremos de la raíz. No corte los extremos demasiado profundo o las cebollas se desharán durante la cocción. Retire las pieles.

3. En un horno holandés lo suficientemente grande como para contener la carne u otra olla profunda y pesada con una tapa que cierre bien, caliente el aceite a fuego medio-alto. Seque la carne de cerdo con toallas de papel. Coloque el cerdo en la olla y dore bien por todos lados, unos 20 minutos. Incline la olla y quite la grasa con una cuchara. Espolvorea el cerdo con sal y pimienta.

4. Agregue el vinagre y cocine a fuego lento, raspando los trozos dorados en el fondo de la olla con una cuchara de madera. Agregue las cebollas y 1 taza de agua. Reduzca el fuego a bajo y cocine a fuego lento durante 1 hora.

5. Añade las uvas. Cocine 30 minutos más o hasta que la carne esté muy tierna al pincharla con un tenedor. Transfiera la carne a una tabla de cortar. Cubrir con papel aluminio para mantener el calor y dejar reposar 15 minutos.

6. Rebane la carne de cerdo y colóquela en una fuente de servir caliente. Vierta la salsa de uva y cebolla y sirva inmediatamente.

Paletilla De Cerdo A La Cerveza

Maiale alla Birra

Hace 8 porciones

Las piernas de cerdo frescas se cocinan de esta manera en Trentino-Alto Adige, pero como ese corte no está disponible en los Estados Unidos, utilizo los mismos aromatizantes para cocinar una paleta asada con hueso. Habrá mucha grasa al final del tiempo de cocción, pero se puede quitar fácilmente de la superficie del líquido de cocción. Mejor aún, cocine la carne de cerdo un día antes de servirla y enfríe la carne y los jugos de cocción por separado. La grasa se endurecerá y se puede quitar fácilmente. Vuelva a calentar la carne de cerdo en el líquido de cocción antes de servir.

5 a 7 libras de lomo de cerdo con hueso (picnic o boston butt)

Sal y pimienta negra recién molida

2 cucharadas de aceite de oliva

1 cebolla mediana, finamente picada

2 dientes de ajo, finamente picados

2 ramitas de romero fresco

2 hojas de laurel

12 onzas de cerveza

1. Seque la carne de cerdo con toallas de papel. Espolvorea toda la carne con sal y pimienta.

2. En un horno holandés grande u otra olla profunda y pesada con una tapa que cierre bien, caliente el aceite a fuego medio. Coloque la carne de cerdo en la olla y dórela bien por todos lados, aproximadamente 20 minutos. Quite con una cuchara todo menos 1 o 2 cucharadas de grasa.

3. Repartir la cebolla, el ajo, el romero y las hojas de laurel por toda la carne y cocinar 5 minutos. Añadir la cerveza y llevar a fuego lento.

4. Tape la olla y cocine, volteando la carne de vez en cuando, durante 2 1/2 a 3 horas, o hasta que la carne esté tierna al pincharla con un cuchillo.

5. Colar los jugos de la sartén y quitar la grasa. Rebana la carne de cerdo y sírvela con los jugos de la sartén. Servir caliente.

Chuletas De Cordero Al Vino Blanco

Braciole de Agnello al Vino Bianco

Hace 4 porciones

Aquí hay una forma básica de preparar chuletas de cordero que se pueden hacer con lomo tierno o cortes de costilla o chuletas de hombro más masticables, pero mucho menos costosas. Para un mejor sabor, quite el exceso de grasa de la carne y cocine las chuletas hasta que estén rosadas en el centro.

2 cucharadas de aceite de oliva

8 chuletas de cordero de lomo o costilla, de 1 pulgada de grosor, recortadas

4 dientes de ajo, ligeramente machacados

3 o 4 ramitas de romero (2 pulgadas)

Sal y pimienta negra recién molida

1 taza de vino blanco seco

1. En una sartén lo suficientemente grande como para contener las chuletas cómodamente en una sola capa, caliente el aceite a fuego medio-alto. Cuando el aceite esté caliente, seque las chuletas. Espolvorea las chuletas con sal y pimienta, luego

colócalas en la sartén. Cocine hasta que las chuletas estén doradas, aproximadamente 4 minutos. Esparce el ajo y el romero alrededor de la carne. Usando pinzas, voltee las chuletas y dore por el otro lado, aproximadamente 3 minutos. Transferir las chuletas a un plato.

2. Agrega el vino a la sartén y lleva a fuego lento. Cocine, raspando y mezclando los trozos dorados en el fondo de la sartén, hasta que el vino se reduzca y espese un poco, aproximadamente 2 minutos.

3. Regrese las chuletas a la sartén y cocínelas 2 minutos más, volteándolas en la salsa una o dos veces hasta que adquieran un color rosado cuando las corte cerca del hueso. Transfiera las chuletas a una fuente, vierta los jugos de la sartén sobre las chuletas y sirva de inmediato.

Chuletas De Cordero Con Alcaparras, Limón Y Salvia

Braciole de Agnello con Capperi

Hace 4 porciones

Vecchia Roma es uno de mis restaurantes romanos favoritos. En la periferia del antiguo gueto, tiene un hermoso jardín al aire libre para comer cuando el clima es cálido y soleado, pero también disfruto de los acogedores comedores interiores cuando hace frío o llueve. Este cordero está inspirado en un plato que probé allí hecho con pequeños nuggets de cordero lechal. En cambio, lo he adaptado a chuletas tiernas, porque están ampliamente disponibles aquí.

1 cucharada de aceite de oliva

8 chuletas de cordero de lomo o costilla, de 1 pulgada de grosor, recortadas

Sal y pimienta negra recién molida

½ taza de vino blanco seco

3 cucharadas de jugo de limón fresco

3 cucharadas de alcaparras, enjuagadas y picadas

6 hojas de salvia fresca

1. En una sartén grande, caliente el aceite a fuego medio-alto. Seque las chuletas. Cuando el aceite esté caliente, espolvorea con sal y pimienta, luego coloca las chuletas en la sartén. Cocine hasta que las chuletas estén doradas, aproximadamente 4 minutos. Usando pinzas, voltee las chuletas y dore por el otro lado, aproximadamente 3 minutos. Transferir las chuletas a un plato.

2. Saque la grasa de la sartén. Reduce el calor al mínimo. Revuelve el vino, el jugo de limón, las alcaparras y la salvia en la sartén. Llevar a fuego lento y cocinar 2 minutos o hasta que esté ligeramente almibarado.

3. Regrese las chuletas a la sartén y gírelas una o dos veces hasta que se calienten por completo y estén rosadas cuando se cortan cerca del hueso. Servir inmediatamente.

Chuletas De Cordero En Cobertura Crujiente

Braciolette Croccante

Hace 4 porciones

En Milán, comí chuletas de carne de cabra preparadas de esta manera, acompañadas de corazones de alcachofas fritos en la misma capa crujiente. Los romanos usan pequeñas chuletas de cordero en lugar de cabra y dejan de lado el queso. De cualquier manera, una ensalada mixta crujiente es el acompañamiento perfecto.

8 a 12 chuletas de cordero de costilla, de aproximadamente 3/4 de pulgada de grosor, bien recortadas

2 huevos grandes

Sal y pimienta negra recién molida

1 1/4 tazas de pan rallado seco

1/2 taza de Parmigiano-Reggiano recién rallado

Aceite de oliva para freír

1. Coloque las chuletas en una tabla de cortar y golpee suavemente la carne hasta que tenga un grosor de aproximadamente 1/2 pulgada.

2. En un plato hondo, bata los huevos con sal y pimienta al gusto. Mezcle las migas de pan con el queso en una hoja de papel encerado.

3. Sumerja las chuletas una a la vez en los huevos, luego revuélvalas en pan rallado, aplanando bien las migas.

4. Enciende el horno al nivel más bajo. Vierta aproximadamente 1/2 pulgada del aceite en una sartén profunda. Caliente el aceite a fuego medio-alto hasta que un poco de la mezcla de huevo se cocine rápidamente cuando se sumerge en el aceite. Con unas pinzas, coloque con cuidado algunas de las chuletas en el aceite sin abarrotar la sartén. Cocine hasta que estén dorados y crujientes, de 3 a 4 minutos. Voltee las chuletas con pinzas y dore, 3 minutos. Escurra las chuletas en toallas de papel. Mantenga las chuletas fritas calientes en el horno mientras fríe el resto. Servir caliente.

Chuletas De Cordero Con Alcachofas Y Aceitunas

Costolette de Agnello ai Carciofi y Olive

Hace 4 porciones

Todos los ingredientes de este plato se cocinan en la misma sartén para que los sabores complementarios del cordero, las alcachofas y las aceitunas se mezclen suavemente. Una verdura brillante como zanahorias o tomates al horno sería un buen acompañamiento.

2 cucharadas de aceite de oliva

8 chuletas de cordero de costilla o lomo, de aproximadamente 1 pulgada de grosor, recortadas

Sal y pimienta negra recién molida al gusto

2 cucharadas de aceite de oliva

¾ taza de vino blanco seco

8 alcachofas pequeñas o 4 medianas, recortadas y cortadas en octavos

1 diente de ajo, finamente picado

½ taza de aceitunas negras pequeñas y suaves, como Gaeta

1 cucharada de perejil de hoja plana fresco picado

1. En una sartén lo suficientemente grande como para contener las chuletas en una sola capa, caliente el aceite a fuego medio. Seque el cordero. Cuando el aceite esté caliente, espolvorea las chuletas con sal y pimienta, luego colócalas en la sartén. Cocine hasta que las chuletas estén doradas, de 3 a 4 minutos. Usando pinzas, dore las chuletas por el otro lado, aproximadamente 3 minutos. Transferir las chuletas a un plato.

2. Enciende el fuego a medio-bajo. Añadir el vino y llevar a fuego lento. Cocine 1 minuto. Agrega las alcachofas, el ajo y sal y pimienta al gusto. Tape la sartén y cocine por 20 minutos o hasta que las alcachofas estén tiernas.

3. Agregue las aceitunas y el perejil y cocine 1 minuto más. Regrese las chuletas a la sartén y cocine, volteando el cordero una o dos veces hasta que se caliente por completo. Servir inmediatamente.

Chuletas De Cordero Con Salsa De Tomate, Alcaparras Y Anchoas

Costelette d'Agnello en Salsa

Hace 4 porciones

Una salsa de tomate especiada da sabor a estas chuletas al estilo calabrés. Las chuletas de cerdo también se pueden cocinar de esta manera.

2 cucharadas de aceite de oliva

8 chuletas de cordero de costilla o lomo, de aproximadamente 3/4 de pulgada de grosor, recortadas

6 a 8 tomates ciruela, pelados, sin semillas y picados

4 filetes de anchoa, picados

1 cucharada de alcaparras, enjuagadas y picadas

2 cucharadas de perejil de hoja plana fresco picado

1. En una sartén lo suficientemente grande como para contener las chuletas cómodamente en una sola capa, caliente el aceite a fuego medio. Cuando el aceite esté caliente, seque las chuletas.

Espolvoree las chuletas con sal y pimienta, luego agregue las chuletas a la sartén. Cocine hasta que las chuletas estén doradas, aproximadamente 4 minutos. Usando pinzas, voltee las chuletas y dore por el otro lado, aproximadamente 3 minutos. Transferir las chuletas a un plato.

2. Agregue los tomates, las anchoas y las alcaparras a la sartén. Añadir una pizca de sal y pimienta al gusto. Cocine 5 minutos o hasta que espese un poco.

3. Regrese las chuletas a la sartén y cocine, volteándolas una o dos veces en la salsa hasta que estén completamente calientes y rosadas cuando se cortan cerca del hueso. Espolvorear con perejil y servir inmediatamente.

Chuletas De Cordero "Quemarse Los Dedos"

Agnello a Scottadito

Hace 4 porciones

En la receta que inspiró este plato, de un antiguo libro de cocina sobre la cocina de Umbría, la grasa de prosciutto finamente picada le da sabor al cordero. La mayoría de los cocineros de hoy sustituyen el aceite de oliva. Las costillitas de cordero también son buenas de esta manera.

Presumiblemente, el nombre proviene de la idea de que las chuletas son tan deliciosas que no puedes evitar comerlas de inmediato: calientes, recién salidas de la parrilla o de la sartén.

¼ taza de aceite de oliva

2 dientes de ajo, finamente picados

1 cucharada de romero fresco picado

1 cucharadita de tomillo fresco picado

8 chuletas de cordero de costilla, de aproximadamente 1 pulgada de grosor, recortadas

Sal y pimienta negra recién molida

1. En un tazón pequeño, mezcle el aceite, el ajo, las hierbas y sal y pimienta al gusto. Cepille la mezcla sobre el cordero. Cubra y refrigere 1 hora.

2. Coloque una parrilla o parrilla para asar a unas 5 pulgadas de la fuente de calor. Precaliente la parrilla o el asador.

3. Raspe un poco de la marinada. Ase a la parrilla o ase las chuletas hasta que estén doradas y crujientes, aproximadamente 5 minutos. Con pinzas, voltee las chuletas y cocine hasta que estén doradas y apenas rosadas en el centro, unos 5 minutos más. Servir caliente.

Cordero a la Brasa, Estilo Basilicata

Agnello allo Spiedo

Hace 4 porciones

Basilicata puede ser mejor conocida por su representación en Cristo detenido en Eboli de Carlo Levi. El autor pintó un retrato sombrío de la región antes de la Segunda Guerra Mundial, cuando muchos presos políticos fueron enviados allí al exilio. Hoy en día, Basilicata, aunque todavía escasamente poblada, es próspera, con muchos turistas que se aventuran allí por las hermosas playas cerca de Maratea.

El cerdo y el cordero son carnes típicas de esta región, y los dos se combinan en esta receta. La panceta que envuelve los cubos de cordero se vuelve crujiente y sabrosa. Mantiene el cordero húmedo y agrega sabor mientras se asa a la parrilla.

1 1/2 libras de pierna de cordero deshuesada, cortada en trozos de 2 pulgadas

2 dientes de ajo, finamente picados

1 cucharada de romero fresco picado

Sal y pimienta negra recién molida

4 onzas de panceta en rodajas finas

¼ taza de aceite de oliva

2 cucharadas de vinagre de vino tinto

1. Coloque una parrilla para barbacoa o una rejilla para asar a unas 5 pulgadas de la fuente de calor. Precaliente la parrilla o el asador.

2. En un tazón grande, mezcle el cordero con el ajo, el romero y sal y pimienta al gusto.

3. Desenrolle las rebanadas de panceta. Envuelva una rebanada de panceta alrededor de cada trozo de cordero.

4. Ensarte el cordero en brochetas de madera, asegurando la panceta en su lugar con la brocheta. Coloque las piezas juntas sin amontonarse. En un tazón pequeño, mezcle el aceite y el vinagre. Cepille la mezcla sobre el cordero.

5. Asa a la parrilla o asa las brochetas, volteándolas de vez en cuando, hasta que estén listas al gusto, de 5 a 6 minutos para que estén medio cocidas. Servir caliente.

Brochetas de cordero a la parrilla

Arrosticini

Hace 4 porciones

En Abruzzo, se marinan pequeños bocados de cordero, se ensartan en brochetas de madera y se asan a la parrilla sobre un fuego caliente. Los pinchos cocidos se sirven de pie en una taza o jarra alta, y cada uno se sirve, comiendo el cordero directamente de los palitos. Son geniales para un buffet, servidos con pimientos asados o salteados.

2 dientes de ajo

Sal

1 libra de cordero de la pierna, recortado y cortado en trozos de 3/4 de pulgada

3 cucharadas de aceite de oliva virgen extra

2 cucharadas de menta fresca picada

1 cucharadita de tomillo fresco picado

Pimienta negra recién molida

1. Picar muy fino el ajo. Espolvorea el ajo con una pizca de sal y tritúralo con el borde de un cuchillo de chef grande y pesado hasta obtener una pasta fina.

2. En un tazón grande, mezcle el cordero con la pasta de ajo, el aceite, las hierbas y sal y pimienta al gusto. Cubra y deje marinar a temperatura ambiente durante 1 hora o en el refrigerador durante varias horas o toda la noche.

3. Coloque una parrilla para barbacoa o una rejilla para asar a unas 5 pulgadas de la fuente de calor. Precaliente la parrilla o el asador.

4. Ensartar la carne en las brochetas. Coloque las piezas juntas sin amontonarse. Asa o asa a la parrilla el cordero durante 3 minutos o hasta que se dore. Voltee la carne con pinzas y cocine de 2 a 3 minutos más o hasta que esté dorada por fuera pero todavía rosada en el centro. Servir caliente.

Estofado de Cordero al Romero, Menta y Vino Blanco

Agnello en Umido

Hace 4 porciones

La paletilla de cordero es ideal para guisar. La carne tiene suficiente humedad para resistir una cocción lenta y prolongada, y aunque dura si se cocina poco, resulta tierna en un guiso. Si sólo se dispone de paletilla de cordero con hueso, se puede adaptar a recetas de guisos. Calcule una libra o dos extra de carne con hueso, dependiendo de qué tan huesuda sea. Cocine el cordero con hueso unos 30 minutos más que el cordero deshuesado, o hasta que la carne se desprenda de los huesos.

2½ libras de paletilla de cordero deshuesada, cortada en trozos de 2 pulgadas

¼ taza de aceite de oliva

Sal y pimienta negra recién molida al gusto

1 cebolla grande, picada

4 dientes de ajo, picados

2 cucharadas de romero fresco picado

2 cucharadas de perejil de hoja plana fresco picado

1 cucharada de menta fresca picada

1/2 taza de vino blanco seco

Aproximadamente 1/2 taza de caldo de res (Caldo de carne) o agua

2 cucharadas de pasta de tomate

1. En un horno holandés grande u otra olla profunda y pesada con una tapa que cierre bien, caliente el aceite a fuego medio. Seque el cordero con toallas de papel. Coloque tantas piezas de cordero como quepan cómodamente en una sola capa en la olla. Cocine, revolviendo con frecuencia, hasta que se dore por todos lados, aproximadamente 20 minutos. Transfiera el cordero dorado a un plato. Espolvorear con sal y pimienta. Cocine el cordero restante de la misma manera.

2. Cuando toda la carne esté dorada, retire con una cuchara el exceso de grasa. Agregue la cebolla, el ajo y las hierbas y revuelva bien. Cocine hasta que la cebolla se haya marchitado, unos 5 minutos.

3. Agregue el vino y cocine a fuego lento, raspando y mezclando los trozos dorados en el fondo de la olla. Cocine 1 minuto.

4. Agregue el caldo y la pasta de tomate. Reduzca el fuego a bajo. Tape y cocine durante 1 hora, revolviendo ocasionalmente, o hasta que el cordero esté tierno. Agregue un poco de agua si la salsa se vuelve demasiado seca. Servir caliente.

Estofado de cordero de Umbría con puré de garbanzos

Agnello del Colle

Hace 6 porciones

La polenta y el puré de papas son acompañamientos frecuentes de los guisos en Italia, así que me sorprendió cuando este guiso se sirvió con puré de garbanzos en Umbría. Los garbanzos enlatados funcionan muy bien, o puede cocinar garbanzos secos con anticipación.

2 cucharadas de aceite de oliva

3 libras de paletilla de cordero deshuesada, cortada en trozos de 2 pulgadas

Sal y pimienta negra recién molida

2 dientes de ajo, finamente picados

1 taza de vino blanco seco

1 1/2 tazas de tomates frescos o enlatados picados

1 paquete (10 onzas) de champiñones blancos, en rodajas

2 latas (16 onzas) de garbanzos o 5 tazas de garbanzos cocidos

Aceite de oliva virgen extra

1. En un horno holandés grande u otra olla profunda y pesada con una tapa que cierre bien, caliente el aceite a fuego medio. Coloque suficientes piezas de cordero en la olla como quepan cómodamente en una sola capa. Cocine, revolviendo ocasionalmente, hasta que se dore por todos lados, aproximadamente 20 minutos. Transfiera el cordero dorado a un plato. Espolvorear con sal y pimienta. Cocine el cordero restante de la misma manera.

2. Cuando toda la carne esté dorada, retire con una cuchara el exceso de grasa de la sartén. Esparcir el ajo en la sartén y cocinar 1 minuto. Añade el vino. Con una cuchara de madera, raspe y mezcle con los trozos dorados en el fondo de la sartén. Llevar a fuego lento y cocinar 1 minuto.

3. Regrese el cordero a la olla. Agregue los tomates y los champiñones y lleve a fuego lento. Reduzca el fuego a bajo. Tape y cocine, revolviendo ocasionalmente, 1 1/2 horas o hasta que el cordero esté tierno y la salsa se reduzca. Si hay demasiado líquido, retire la tapa durante los últimos 15 minutos.

4. Justo antes de servir, caliente los garbanzos y su líquido en una cacerola mediana. Luego transfiéralos a un procesador de

alimentos para hacer puré o tritúrelos con un machacador de papas. Agregue un poco de aceite de oliva virgen extra y pimienta negra al gusto. Vuelva a calentar si es necesario.

5.Para servir, coloca algunos de los garbanzos en cada plato. Rodeamos el puré con la caldereta de cordero. Servir caliente.

Cordero estilo cazador

Agnello alla Cacciatora

Rinde de 6 a 8 porciones

Los romanos hacen este estofado de cordero con abbacchio, cordero tan joven que nunca ha comido hierba. Creo que el sabor del cordero maduro combina mejor con el picante romero picado, el vinagre, el ajo y las anchoas que terminan la salsa.

4 libras de paletilla de cordero con hueso, cortada en trozos de 2 pulgadas

Sal y pimienta negra recién molida

2 cucharadas de aceite de oliva

4 dientes de ajo, picados

4 hojas de salvia fresca

2 ramitas (2 pulgadas) de romero fresco

1 taza de vino blanco seco

6 filetes de anchoa

1 cucharadita de hojas de romero fresco finamente picadas

2 a 3 cucharadas de vinagre de vino

1. Seque las piezas con toallas de papel. Espolvorearlos con sal y pimienta.

2. En un horno holandés grande u otra olla profunda y pesada con una tapa que cierre bien, caliente el aceite a fuego medio. Agregue suficiente cordero como quepa cómodamente en una capa. Cocine, revolviendo, para dorar bien por todos lados. Transfiere la carne dorada a un plato. Continúe con el cordero restante.

3. Cuando todo el cordero se haya dorado, retire con una cuchara la mayor parte de la grasa de la sartén. Agregue la mitad del ajo, la salvia y el romero, y revuelva. Agregue el vino y cocine 1 minuto, raspando y mezclando los trozos dorados en el fondo de la sartén con una cuchara de madera.

4. Regrese las piezas de cordero a la sartén. Reduce el calor al mínimo. Tape y cocine, revolviendo ocasionalmente, durante 2 horas o hasta que el cordero esté tierno y se desprenda de los huesos. Agregue un poco de agua si el líquido se evapora demasiado rápido.

5. Para hacer el pesto: Picar las anchoas, el romero y el resto del ajo juntos. Colóquelos en un tazón pequeño. Agregue solo la cantidad suficiente de vinagre para formar una pasta.

6. Agregue el pesto al estofado y cocine a fuego lento durante 5 minutos. Servir caliente.

Guiso de cordero, patata y tomate

Stufato di Agnello y Verdure

Rinde de 4 a 6 porciones

Aunque normalmente uso la paletilla de cordero para el estofado, a veces uso los recortes que quedan de la pierna o la pierna. La textura de estos cortes es un poco más masticable, pero requieren menos cocción y aun así son un buen guiso. Tenga en cuenta que en esta receta del sur de Italia, la carne se coloca en la olla de una sola vez, por lo que solo se dora ligeramente antes de agregar los demás ingredientes.

1 cebolla grande, picada

2 cucharadas de aceite de oliva

2 libras de pierna o pierna de cordero deshuesada, cortada en trozos de 1 pulgada

Sal y pimienta negra recién molida, al gusto

½ taza de vino blanco seco

3 tazas de tomates enlatados escurridos y picados

1 cucharada de romero fresco picado

1 libra de papas hirviendo cerosas, cortadas en trozos de 1 pulgada

2 zanahorias, cortadas en rodajas de 1/2 pulgada de grosor

1 taza de guisantes frescos o guisantes congelados, parcialmente descongelados

2 cucharadas de perejil de hoja plana fresco picado

1. En un horno holandés grande u otra olla profunda y pesada con una tapa que cierre bien, cocine la cebolla en el aceite de oliva a fuego medio hasta que se ablande, aproximadamente 5 minutos. Agrega el cordero. Cocine, revolviendo con frecuencia, hasta que las piezas estén ligeramente doradas. Espolvorear con sal y pimienta. Agregue el vino y llévelo a fuego lento.

2. Agregue los tomates y el romero. Reduce el calor al mínimo. Tape y cocine por 30 minutos.

3. Agregue las papas, las zanahorias y sal y pimienta al gusto. Cocine a fuego lento 30 minutos más, revolviendo ocasionalmente, hasta que el cordero y las papas estén tiernos. Agregue los guisantes y cocine 10 minutos más. Espolvorear con perejil y servir inmediatamente.

Estofado de cordero y pimientos

Spezzato d'Agnello con Peperone

Hace 4 porciones

El picante y la dulzura de los pimientos y la riqueza del cordero los convierten en dos alimentos perfectamente compatibles entre sí. En esta receta, una vez que la carne está dorada, hay poco que hacer excepto revolverla de vez en cuando.

1/4 taza de aceite de oliva

2 libras de paletilla de cordero deshuesada, cortada en trozos de 1 1/2 pulgada

Sal y pimienta negra recién molida, al gusto

1/2 taza de vino blanco seco

2 cebollas medianas, en rodajas

1 pimiento rojo grande

1 pimiento verde grande

6 tomates ciruela, pelados, sin semillas y picados

1. En una cacerola grande o en un horno holandés, caliente el aceite a fuego medio. Seque el cordero. Agregue suficiente cordero a la sartén como quepa cómodamente en una sola capa. Cocine, revolviendo, hasta que se dore por todos lados, aproximadamente 20 minutos. Transfiera el cordero dorado a un plato. Continúe cocinando el cordero restante de la misma manera. Espolvorea toda la carne con la sal y la pimienta.

2. Cuando toda la carne se haya dorado, retire con una cuchara el exceso de grasa. Agregue el vino a la olla y revuelva bien, raspando los pedacitos dorados. Llevar a fuego lento.

3. Regrese el cordero a la olla. Agregue las cebollas, los pimientos y los tomates. Reduzca el fuego a bajo. Tape la olla y cocine por 11/2 horas o hasta que la carne esté muy tierna. Servir caliente.

Cazuela De Cordero Con Huevos

Agnello Cacio y Uova

Hace 6 porciones

Debido a que los huevos y el cordero están asociados con la primavera, es natural combinarlos en las recetas. En este plato, popular de una forma u otra en todo el centro y el sur de Italia, los huevos y el queso forman una crema pastelera ligera sobre un estofado de cordero. Es una receta típica de Pascua, por lo que si desea prepararla para la comida festiva, transfiera el estofado cocido a una cacerola bonita para hornear y servir antes de agregar la cobertura. Una combinación de carne de cordero de la pierna y el hombro crea una textura más interesante.

2 cucharadas de aceite de oliva

2 cebollas medianas

3 libras de pierna y hombro de cordero deshuesados, recortados y cortados en trozos de 2 pulgadas

Sal y pimienta negra recién molida al gusto

1 cucharada de romero finamente picado

1 1/2 tazas hecho en casa Caldo de carne o Caldo de pollo, o caldo de res o pollo comprado en la tienda

2 tazas de guisantes frescos sin cáscara o 1 paquete (10 onzas) de guisantes congelados, parcialmente descongelados

3 huevos grandes

1 cucharada de perejil de hoja plana fresco picado

1/2 taza de Pecorino Romano recién rallado

1. Coloque una rejilla en el centro del horno. Precaliente el horno a 425°F. En una olla holandesa u otra olla profunda y pesada con una tapa que cierre bien, caliente el aceite a fuego medio. Agregue la cebolla y el cordero. Cocine, revolviendo ocasionalmente, hasta que el cordero esté ligeramente dorado por todos lados, aproximadamente 20 minutos. Espolvorear con sal y pimienta.

2. Agregar el romero y el caldo. Revuelva bien. Tape y hornee, revolviendo ocasionalmente, durante 60 minutos o hasta que la carne esté tierna. Agregue un poco de agua tibia si es necesario para evitar que el cordero se seque. Agregue los guisantes y cocine 5 minutos más.

3. En un tazón mediano, bata los huevos, el perejil, el queso y sal y pimienta al gusto, hasta que estén bien mezclados. Vierta la mezcla uniformemente sobre el cordero.

4. Hornee sin tapar durante 5 minutos o hasta que los huevos estén listos. Servir inmediatamente.

Cordero o Cabrito con Patatas a la Siciliana

Capretto o Agnello al Forno

Rinde de 4 a 6 porciones

Baglio Elena, cerca de Trapani en Sicilia, es una granja en funcionamiento que produce aceitunas, aceite de oliva y otros alimentos. También es una posada donde los visitantes pueden detenerse a comer en un encantador comedor rústico o quedarse de vacaciones. Cuando lo visité, me sirvieron una cena de varios platos con especialidades sicilianas que incluían varios tipos de aceitunas preparadas de diferentes maneras, un excelente salame hecho en el local, una variedad de verduras y este sencillo guiso. La carne y las papas se cocinan sin más líquido que una pequeña cantidad de vino y los jugos de la carne y las verduras, creando una sinfonía de sabores.

Kid está disponible en muchas carnicerías étnicas, incluidas las haitianas, de Oriente Medio e italianas. Es tan similar al cordero que puede ser difícil notar la diferencia.

3 libras de cabrito con hueso (cabra joven) o paleta de cordero, cortada en trozos de 2 pulgadas

2 cucharadas de aceite de oliva

Sal y pimienta negra recién molida

2 cebollas, en rodajas finas

1/2 taza de vino blanco seco

1/4 cucharadita de clavo molido

2 ramitas (2 pulgadas) de romero

1 hoja de laurel

4 papas medianas para todo uso, cortadas en trozos de 1 pulgada

2 tazas de tomates cherry, cortados a la mitad

2 cucharadas de perejil de hoja plana fresco picado

1. Coloque una rejilla en el centro del horno. Precaliente el horno a 350°F. En un horno holandés grande u otra olla profunda y pesada con una tapa que cierre bien, caliente el aceite a fuego medio. Seque el cordero con toallas de papel. Agregue suficiente carne para que quepa cómodamente en la olla sin amontonarse. Cocine, volteando las piezas con pinzas hasta que se doren por todos lados, aproximadamente 15 minutos. Transferir las piezas a un plato. Continúe cocinando la carne restante de la misma manera. Espolvorear con sal y pimienta.

2. Cuando toda la carne se haya dorado, vierta la mayor parte de la grasa de la sartén. Agregue la cebolla y cocine, revolviendo ocasionalmente, hasta que la cebolla se haya marchitado, aproximadamente 5 minutos.

3. Regrese la carne a la olla. Agregue el vino y llévelo a fuego lento. Cocine 1 minuto, revolviendo con una cuchara de madera. Agrega los clavos, el romero, la hoja de laurel y sal y pimienta al gusto. Cubra la olla y transfiérala al horno. Cocine 45 minutos.

4. Agregue las papas y los tomates. Tape y cocine 45 minutos más o hasta que la carne y las papas estén tiernas al pincharlas con un tenedor. Espolvorear con perejil y servir caliente.

Cazuela de patata y cordero de Apulia

Tiella de Agnello

Hace 6 porciones

Las cazuelas en capas horneadas al horno son una especialidad de Apulia. Se pueden preparar con carne, pescado o verduras, alternando con patatas, arroz o pan rallado. Tiella es un nombre que se le da tanto a esta forma de cocción como al tipo de plato en el que se cocina la cazuela. La clásica tiella es una fuente redonda y honda hecha de terracota, aunque hoy en día se suelen utilizar sartenes de metal.

El método de cocción es muy inusual. Ninguno de los ingredientes está dorado o precocido. Todo simplemente se coloca en capas y se hornea hasta que esté tierno. La carne quedará bien cocida, pero aún húmeda y deliciosa porque los trozos están rodeados por las papas. La capa inferior de papas es deliciosamente suave y tierna y está llena de carne y jugos de tomate, mientras que la capa superior queda tan crujiente como papas fritas, aunque mucho más sabrosa.

Para la carne, utilice trozos bien cortados de pierna de cordero. Compro la mitad de una pierna de cordero en mariposa en el supermercado, luego la corto en casa en trozos de 2 a 3 pulgadas, recortando la grasa. Es perfecto para esta receta.

4 cucharadas de aceite de oliva

2 libras de papas para hornear, peladas y en rodajas finas

1/2 taza de migas de pan seco

1/2 taza de Pecorino Romano o Parmigiano-Reggiano recién rallado

1 diente de ajo, finamente picado

1/2 taza de perejil de hoja plana fresco picado

1 cucharada de romero fresco picado, o 1 cucharadita seca

1/2 cucharadita de orégano seco

Sal y pimienta negra recién molida

2 1/2 libras de cordero deshuesado, recortado y cortado en trozos de 2 a 3 pulgadas

1 taza de tomates enlatados escurridos, picados

1 taza de vino blanco seco

1/2 taza de agua

1. Coloque una rejilla en el centro del horno. Precaliente el horno a 400°F. Extienda 2 cucharadas de aceite en un molde para hornear de 13 × 9 × 2 pulgadas. Seque las papas y extienda aproximadamente la mitad de ellas, superponiéndolas ligeramente, en el fondo de la sartén.

2. En un tazón mediano, mezcle las migas de pan, el queso, el ajo, las hierbas y sal y pimienta al gusto. Esparce la mitad de la mezcla de migas sobre las papas. Disponer la carne encima de las migas. Sasona la carne con sal y pimienta. Extienda los tomates sobre la carne. Coloque las papas restantes encima. Vierta el vino y el agua. Esparza la mezcla de migas restante sobre todo. Rocíe con las 2 cucharadas restantes de aceite de oliva.

3. Hornee de 11/2 a 13/4 horas o hasta que la carne y las papas estén tiernas al pincharlas con un tenedor y todo esté bien dorado. Servir caliente.

Piernas de Cordero con Garbanzos

Stinco de Agnello con Ceci

Hace 4 porciones

Las piernas necesitan una cocción lenta y prolongada, pero cuando están listas, la carne está húmeda y casi se derrite en la boca. Si compras piernas de cordero en el supermercado, es posible que la carne necesite un poco de recorte adicional. Con un cuchillo pequeño para deshuesar, corte la mayor cantidad de grasa posible, pero deje intacta la fina capa de aspecto nacarado de la carne conocida como piel plateada. Ayuda a que la carne mantenga su forma mientras se cocina. Utilizo piernas para una serie de recetas que los italianos harían con su pierna de cordero más pequeña.

2 cucharadas de aceite de oliva

4 piernas pequeñas de cordero, bien recortadas

Sal y pimienta negra recién molida

1 cebolla pequeña, picada

2 tazas de caldo de res (Caldo de carne)

1 taza de tomates pelados, sin semillas y picados

½ cucharadita de mejorana o tomillo seco

4 zanahorias, peladas y cortadas en trozos de 1 pulgada

2 costillas de apio tiernas, cortadas en trozos de 1 pulgada

3 tazas cocidas o 2 latas (16 onzas) de garbanzos, escurridos

1. En una olla holandesa lo suficientemente grande como para contener las piernas en una sola capa, u otra olla profunda y pesada con una tapa que cierre bien, caliente el aceite a fuego medio. Seque las piernas de cordero y dórelas bien por todos lados, unos 15 minutos. Incline la sartén y retire con una cuchara el exceso de grasa. Espolvorear con sal y pimienta. Agregue la cebolla y cocine 5 minutos más.

2. Agregue el caldo, los tomates y la mejorana y deje hervir a fuego lento. Reduzca el fuego a bajo. Tape y cocine durante 1 hora, volteando las piernas de vez en cuando.

3. Agregue las zanahorias, el apio y los garbanzos. Cocine 30 minutos más o hasta que la carne esté tierna al pincharla con un cuchillo pequeño. Servir caliente.

Piernas de Cordero con Pimientos y Prosciutto

Brasato di Stinco di Agnello con Peperoni y Prosciutto

Hace 6 porciones

En Senagalia, en la costa adriática de las Marcas, comí en la Osteria del Tempo Perso, en el centro histórico de este precioso casco antiguo. Como primer plato, comí cappelletti, "sombreritos" rellenos de pasta fresca con salchicha y salsa de verduras, seguido de un estofado de cordero cubierto con pimientos de colores brillantes y tiras de prosciutto. He adaptado los sabores del estofado a las piernas de cordero en esta receta.

4 cucharadas de aceite de oliva

6 piernas pequeñas de cordero, bien recortadas

Sal y pimienta negra recién molida

½ taza de vino blanco seco

ramita de 2 pulgadas de romero fresco, o 1/2 cucharadita seco

    1 1/2 tazas Caldo de carne

2 pimientos rojos, cortados en tiras de 1/2 pulgada

1 pimiento amarillo, cortado en tiras de 1/2 pulgada

1 cucharada de mantequilla sin sal

2 onzas de prosciutto italiano importado en rodajas, cortado en tiras finas

2 cucharadas de perejil de hoja plana fresco picado

1. En un horno holandés lo suficientemente grande como para contener las piernas de cordero en una sola capa, u otra olla profunda y pesada con una tapa que cierre bien, caliente el aceite a fuego medio. Seque las piernas de cordero. Dóralos bien por todos lados, volteando las piezas con unas pinzas, unos 15 minutos. Incline la sartén y retire con una cuchara el exceso de grasa. Espolvorear con sal y pimienta.

2. Agregue el vino y cocine, raspando y mezclando los trozos dorados en el fondo de la sartén con una cuchara de madera. Llevar a fuego lento y cocinar 1 minuto.

3. Agregue el romero y el caldo y lleve el líquido a fuego lento.

4. Cubre parcialmente la sartén. Reduzca el fuego a bajo. Cocine, volteando la carne de vez en cuando, hasta que el cordero esté muy tierno al pincharlo con un tenedor, alrededor de 11/4 a 11/2 horas.

5. Mientras se cocina el cordero, en una cacerola mediana, combine los pimientos, la mantequilla y 2 cucharadas de agua a fuego medio. Tape y cocine por 10 minutos, o hasta que las verduras estén casi tiernas.

6. Agregue los pimientos tiernos y el prosciutto al cordero junto con el perejil. Cocine sin tapar a fuego medio hasta que los pimientos estén tiernos, aproximadamente 5 minutos.

7. Con una cuchara ranurada, transfiera las piernas y los pimientos al plato caliente. Cubrir y mantener caliente. Si el líquido que queda en la sartén es demasiado líquido, suba el fuego a alto y hierva hasta que se reduzca y espese un poco. Prueba y ajusta el sazón. Vierta la salsa sobre el cordero y sirva inmediatamente.

Piernas de Cordero con Alcaparras y Aceitunas

Stinchi de Agnello con Capperi y Olive

Hace 4 porciones

En Cerdeña, la carne de cabra se usa típicamente para este plato. Los sabores de cordero y cabra son muy similares, por lo que las piernas de cordero son un buen sustituto y son mucho más fáciles de encontrar.

2 cucharadas de aceite de oliva

4 piernas pequeñas de cordero, bien recortadas

Sal y pimienta negra recién molida

1 cebolla mediana, picada

¾ taza de vino blanco seco

1 taza de tomates frescos o enlatados pelados, sin semillas y picados

½ taza de aceitunas negras picadas sin hueso, como Gaeta

2 dientes de ajo, finamente picados

2 cucharadas de alcaparras, enjuagadas y picadas

2 cucharadas de perejil de hoja plana fresco picado

1. En una olla holandesa lo suficientemente grande como para contener las piernas en una sola capa, u otra olla profunda y pesada con una tapa que cierre bien, caliente el aceite a fuego medio. Seca el cordero y dóralo bien por todos lados. Retire con una cuchara el exceso de grasa. Espolvorear con sal y pimienta.

2. Esparza la cebolla alrededor del cordero y cocine hasta que la cebolla se ablande, aproximadamente 5 minutos. Agregar el vino y cocinar 1 minuto. Agregue los tomates y lleve a fuego lento. Reduzca el fuego a bajo y cubra la sartén. Cocine de 1 a 11/2 horas, volteando las piernas de vez en cuando, hasta que la carne esté muy tierna al pincharla con un cuchillo.

3. Agregue las aceitunas, el ajo, las alcaparras y el perejil y cocine 5 minutos más, volteando la carne para cubrirla con la salsa. Servir caliente.

Piernas de Cordero en Salsa de Tomate

Stinco de Agnello al Pomodoro

Hace 6 porciones

Si las únicas piernas de cordero que puede encontrar son del lado grande, puede hacer que el carnicero las parta por usted, o puede cocinar menos piernas, dejándolas enteras, y luego cortar la carne del hueso a la hora de servir.

6 piernas pequeñas de cordero, bien recortadas

2 cucharadas de aceite de oliva

2 dientes de ajo, en rodajas finas

1 cucharada de romero fresco picado

1/2 taza de vino blanco seco

1 taza de tomates pelados picados

1 1/2 tazas de caldo de res (Caldo de carne)

2 cucharadas de perejil de hoja plana fresco picado

1. En una olla holandesa lo suficientemente grande como para contener las piernas en una sola capa, u otra olla profunda y pesada con una tapa que cierre bien, caliente el aceite. Dorar la carne por todos lados, unos 15 minutos. Retire con una cuchara el exceso de grasa. Espolvoree las piernas con sal y pimienta.

2. Agregue el ajo y el romero a la sartén y cocine por 1 minuto. Añadir el vino y llevar a fuego lento. Agregue los tomates y el caldo. Reduzca el fuego a bajo, cubra la sartén y cocine las piernas, volteándolas ocasionalmente, aproximadamente 1 1/2 horas o hasta que la carne esté tierna y se desprenda fácilmente del hueso.

3. Espolvorear con perejil y servir caliente.

Cordero Asado a la Olla con Clavo, a la Romana

Garofolato de Agnello

Hace 6 porciones

Los clavos, llamados chiodi di garofalo en italiano, agregan un sabor distintivo a este asado de cordero de la campiña romana. Los romanos utilizan paletilla de cordero deshuesada y enrollada, pero si no encuentras ese corte, puedes sustituirlo por pierna de cordero con buenos resultados.

5 dientes enteros

3 1/2 libras de asado de hombro de cordero deshuesado, enrollado y atado

Sal y pimienta negra recién molida

2 cucharadas de aceite de oliva

1 cebolla mediana, finamente picada

1 costilla de apio tierna, finamente picada

1 zanahoria, picada

1/4 taza de perejil de hoja plana fresco picado

Una pizca de pimiento rojo triturado

1 taza de vino blanco seco

2 tazas de puré de tomate

1 taza caseraCaldo de carneo caldo de res enlatado

1. Introduce los clavos en el cordero. Espolvorea toda la carne con sal y pimienta.

2. En una cacerola grande o en un horno holandés, caliente el aceite a fuego medio. Agregue el cordero y cocine, volteándolo con pinzas, hasta que se dore por todos lados, aproximadamente 20 minutos.

3. Esparce la cebolla, el apio, la zanahoria, el perejil y el pimiento rojo alrededor de la carne. Agregue el vino y cocine hasta que se evapore, aproximadamente 2 minutos. Agregar el puré de tomate y el caldo. Reduce el calor al mínimo.

4. Cubra y cocine, volteando la carne de vez en cuando, durante 2 1/2 a 3 horas o hasta que esté tierna al pincharla con un tenedor.

5. Transfiera la carne a una tabla de cortar. Cubrir y mantener caliente. Retire la grasa de los jugos de la sartén. Vierta las

verduras y los jugos de la sartén en un procesador de alimentos o licuadora y haga puré hasta que quede suave. Pruebe y ajuste la sazón. Vierta la salsa en una cacerola mediana y vuelva a calentar a fuego lento. Si es demasiado delgado, cocine a fuego lento hasta que se reduzca. Trocear el cordero y servir caliente con la salsa.

Calabacín Relleno De Atún

Calabacín al Tonno

Hace 6 porciones

Los tomé como aperitivo en un restaurante rural en la Toscana. A menudo los sirvo como plato principal con una ensalada verde.

2 rebanadas de pan italiano o francés del día anterior, sin corteza (alrededor de 1/3 taza de pan)

1/2 taza de leche

6 calabacines pequeños, recortados

1 lata (6 1/2 onzas) de atún empacado en aceite de oliva

1/4 taza de Parmigiano-Reggiano recién rallado más 2 cucharadas

1 diente de ajo, finamente picado

2 cucharadas de perejil fresco de hoja plana finamente picado

Nuez moscada recién rallada

Sal y pimienta negra recién molida

1 huevo grande, ligeramente batido

1. Coloque una rejilla en el centro del horno. Precaliente el horno a 425°F. Engrase un molde para hornear lo suficientemente grande como para contener las mitades de calabacín en una sola capa.

2. Rocíe el pan con la leche y déjelo en remojo hasta que se ablande. Frote los calabacines con un cepillo bajo el chorro de agua fría. Recorta los extremos.

3. Cortar los calabacines por la mitad a lo largo. Con una cuchara pequeña, saque la pulpa, dejando una cáscara de 1/4 de pulgada, y déjela a un lado. Coloque las cáscaras de calabacín con el lado cortado hacia arriba en la fuente preparada. Picar la pulpa de calabacín y colocarla en un bol.

4. Escurrir el atún, reservando el aceite. Triture el atún en un tazón grande. Exprime el pan y añádelo al atún junto con la pulpa de calabacín picada, 1/4 taza de queso, ajo, perejil, nuez moscada y sal y pimienta al gusto. Mezclar bien. Agregue el huevo.

5. Vierta la mezcla en las cáscaras de calabacín. Disponer los calabacines en el molde para hornear. Rocíe con un poco del aceite de atún reservado. Espolvorear con el queso restante. Vierta 1/2 taza de agua alrededor del calabacín.

6. Hornee de 30 a 40 minutos o hasta que las calabacitas estén doradas y tiernas al pincharlas con un cuchillo. Servir tibio o a temperatura ambiente.

Calabacín frito

frita de calabacín

Hace 6 porciones

La cerveza le da buen sabor y color a esta masa, mientras que las burbujas la hacen ligera. La masa también es buena para freír pescado, aros de cebolla y otras verduras.

6 calabacines pequeños

1 taza de harina para todo uso

2 huevos grandes

1/4 taza de cerveza

Aceite vegetal para freír

Sal

1. Frote los calabacines con un cepillo bajo el chorro de agua fría. Recorta los extremos. Corte los calabacines en tiras de 2 × 1/4 × 1/4 pulgadas.

2. Esparce la harina en una hoja de papel encerado. En un tazón mediano poco profundo, bata los huevos hasta que estén espumosos. Batir en la cerveza hasta que esté bien mezclado.

3. Vierta aproximadamente 2 pulgadas del aceite en una cacerola profunda y pesada o en una freidora siguiendo las instrucciones del fabricante. Caliente el aceite a fuego medio hasta que una gota de la mezcla de huevo chisporrotee cuando se agregue a la sartén y la temperatura alcance los 370 °F en un termómetro para freír.

4. Reboza aproximadamente una cuarta parte de las tiras de calabacín en harina y luego sumérgelas en la mezcla de huevo.

5. Sujetando los calabacines con pinzas, deje que se escurra el exceso de masa, luego coloque los calabacines en el aceite, una pieza a la vez. Agregue solo los que quepan sin amontonarse. Freír los calabacines hasta que estén crujientes y dorados, aproximadamente 2 minutos. Retire el calabacín con una espumadera. Escurrir sobre toallas de papel. Mantener caliente en un horno bajo mientras se fríe el resto.

6. Espolvorear con sal y servir caliente.

Flanes De Calabacín

Sformato de calabacín

Hace 6 porciones

Necesitarás seis cazuelitas o vasitos para horno para hacer estos delicados flanes. Sírvelos como guarnición con asados o con jamón para un brunch de primavera. Normalmente los dejo reposar uno o dos minutos y luego los desmoldo, pero si los sirves recién salidos del horno y aún inflados, quedan como un buen soufflé de primer plato. Date prisa, sin embargo; se hunden rápido.

Puede sustituir el calabacín por brócoli, espárragos, zanahorias u otras verduras.

1 cucharada de mantequilla sin sal, derretida

3 calabacines medianos, cortados en rodajas gruesas

4 huevos grandes, separados

½ taza de Parmigiano-Reggiano rallado

Pizca de sal

Una pizca de nuez moscada molida

1. Frote los calabacines con un cepillo bajo el chorro de agua fría. Recorta los extremos.

2. Coloque una rejilla en el centro del horno. Precaliente el horno a 350°F. Cepille generosamente seis moldes de 4 onzas o tazas de flan resistentes al horno con la mantequilla derretida.

3. Traiga una olla grande con agua a hervir. Agregue el calabacín y lleve a fuego lento. Cocine 1 minuto. Escurrir bien los calabacines. Seque las piezas con toallas de papel. Pase el calabacín por un pasapurés o mezcle en un procesador hasta que quede suave. Transfiera el puré de calabacín a un tazón grande.

4. Agregue las yemas de huevo, el queso parmesano, la sal y la nuez moscada al calabacín y revuelva bien.

5. En un tazón grande, con una batidora eléctrica, bata las claras de huevo hasta que tengan picos suaves cuando se levante la batidora. Con una espátula de goma, incorpore suavemente las claras a la mezcla de calabacín.

6. Verter la mezcla en los vasos. Hornee de 15 a 20 minutos o hasta que la parte superior esté ligeramente manchada de color marrón y al insertar un cuchillo cerca del centro, éste salga limpio. Retire las tazas del horno. Deje reposar 2 minutos, luego

pase un cuchillo pequeño por el interior de las copas e invierta los flanes en un plato.

Calabaza de invierno agridulce

Fegato dei Sette Cannoli

El nombre siciliano de esta calabaza es "hígado de los siete cañones". El distrito de los Siete Cañones de Palermo, llamado así por una famosa fuente y monumento, alguna vez fue tan pobre que sus residentes no podían comprar carne. Sustituyeron la calabaza en esta receta, que normalmente se prepara con hígado. También se puede hacer con rodajas de calabacín, zanahoria o berenjena.

Planee hacer esto al menos un día antes de servirlo, porque el sabor mejora cuando está. Se mantiene bien durante varios días.

Aunque los sicilianos suelen freír la calabaza, yo prefiero hornearla. Esto también es bueno como antipasto.

1 calabaza pequeña, bellota u otra calabaza de invierno o calabaza, cortada en rodajas de 1/4 de pulgada de grosor

Aceite de oliva

1/3 taza de vinagre de vino tinto

1 cucharada de azúcar

Sal

2 dientes de ajo, picados muy finamente

⅓ taza de perejil fresco picado o menta

1. Enjuague la calabaza y séquela. Corta los extremos con un cuchillo de chef grande y pesado. Retire la piel con un pelador de verduras. Cortar la calabaza por la mitad y sacar las semillas. Corte la calabaza en rodajas de 1/4 de pulgada de grosor. Precaliente el horno a 400°F.

2. Cepille generosamente las rodajas de calabaza por ambos lados con el aceite. Coloque las rebanadas en bandejas para hornear en una sola capa. Hornee 20 minutos o hasta que se ablanden. Voltee las rebanadas y hornee de 15 a 20 minutos más, o hasta que la calabaza esté tierna al pincharla con un cuchillo y esté ligeramente dorada.

3. Mientras tanto, caliente el vinagre, el azúcar y la sal al gusto en una cacerola pequeña. Revuelva hasta que el azúcar y la sal se disuelvan.

4. En una fuente o en un recipiente poco profundo, coloque algunas de las rodajas de calabaza en una sola capa, superponiéndolas ligeramente. Espolvorear con un poco de ajo y perejil. Repita las capas hasta usar toda la calabaza, el ajo y el perejil. Vierta la

mezcla de vinagre sobre todo. Cubra y refrigere por lo menos 24 horas antes de servir.

Vegetales asados

Verdor alla Griglia

Hace 8 porciones

Asar a la parrilla es una de las mejores formas de cocinar las verduras. La parrilla les da un sabor ahumado y las marcas de la parrilla agregan atractivo visual. Corte las verduras en rodajas gruesas o en trozos grandes para que no caigan a través de la rejilla de la parrilla hacia las llamas. Si lo desea, puede aliñarlos con un aderezo de aceite y vinagre antes de servir.

1 berenjena mediana (alrededor de 1 libra) cortada en rodajas de 1/2 pulgada de grosor

Sal

1 cebolla morada o española grande, cortada en rodajas de 1/2 pulgada de grosor

4 champiñones grandes, como portobello, sin tallos

4 tomates medianos, sin corazón y cortados por la mitad transversalmente

2 pimientos morrones rojos o amarillos grandes, sin corazón, sin semillas y cortados en cuartos

Aceite de oliva

Pimienta negra recién molida

6 hojas de albahaca fresca, cortadas en pedacitos

1. Recorta la parte superior e inferior de las berenjenas. Corta la berenjena transversalmente en rodajas de 1/2 pulgada de grosor. Espolvorea generosamente las rodajas de berenjena con sal. Coloque las rebanadas en un colador y déjelas reposar sobre un plato para que se escurran durante 30 minutos. Enjuague la sal con agua fría y seque las rebanadas con toallas de papel.

2. Coloque una parrilla para barbacoa o una rejilla para asar a unas 5 pulgadas de la fuente de calor. Precaliente la parrilla o el asador.

3. Unte las rodajas de vegetales con aceite de oliva y colóquelas con el lado aceitado hacia la fuente de calor. Cocine hasta que esté ligeramente dorado, unos 5 minutos. Dar la vuelta a las rodajas y pincelarlas con aceite. Cocine hasta que estén doradas y tiernas, aproximadamente 4 minutos. Espolvorea las verduras con sal y pimienta.

4. Disponer las verduras en una fuente. Rocíe con aceite adicional y espolvoree con la albahaca. Servir caliente oa temperatura ambiente.

Verduras de raíz de invierno asadas

Verdor al Forno

Hace 6 porciones

Esto se inspiró en las sabrosas verduras bellamente doradas que a menudo acompañan a las carnes asadas en el norte de Italia. Si su sartén no es lo suficientemente grande para contener las verduras en una sola capa, use dos sartenes.

2 nabos medianos, pelados y cortados en cuartos

2 zanahorias medianas, peladas y cortadas en trozos de 1 pulgada

2 chirivías medianas, peladas y cortadas en trozos de 1 pulgada

2 papas medianas para todo uso, cortadas en cuartos

2 cebollas medianas, cortadas en cuartos

4 dientes de ajo, pelados

1/3 taza de aceite de oliva

Sal y pimienta negra recién molida

1. Coloque una rejilla en el centro del horno. Precaliente el horno a 450°F. Combine las verduras cortadas y los dientes de ajo en una asadera grande. Las verduras deben tener solo una capa de profundidad. Use dos sartenes, si es necesario, para que las verduras no se amontonen. Mezcle las verduras con el aceite y salpimente al gusto.

2. Ase las verduras aproximadamente 1 hora y 10 minutos, volteándolas cada 15 minutos más o menos hasta que estén tiernas y doradas.

3. Transfiera las verduras a un plato para servir. Servir caliente.

Guiso de verduras de verano

ciambotta

Sirve de 4 a 6

Durante el verano, voy al mercado de agricultores local varias veces a la semana. Me encanta hablar con los agricultores y probar los muchos productos inusuales que venden. Si no fuera por el mercado, estoy seguro de que nunca hubiera probado cosas como el diente de león rojo, la verdolaga, los cuartos de cordero y tantas otras verduras que no se encuentran en los supermercados. Desafortunadamente, a menudo compro demasiado. Entonces es cuando preparo ciambotta, un guiso de verduras del sur de Italia.

Esta ciambotta en particular es la clásica, una combinación de berenjena, pimientos, papas y tomates. Es maravilloso como guarnición o cubierto con queso rallado como plato principal sin carne. También se puede comer frío untado en pan tostado para crostini y tibio como sándwich relleno con mozzarella en rodajas.

1 cebolla mediana

4 tomates ciruela

2 papas para todo uso, peladas

1 berenjena mediana

1 pimiento rojo mediano

1 pimiento amarillo mediano

Sal y pimienta negra recién molida

3 cucharadas de aceite de oliva

½ taza de hojas de albahaca frescas cortadas o Parmigiano-Reggiano o Pecorino Romano recién rallado (opcional)

1. Recorta las verduras y córtalas en trozos del tamaño de un bocado. En una sartén grande, cocine la cebolla en el aceite a fuego medio-bajo hasta que esté tierna, aproximadamente de 5 a 8 minutos.

2. Agregue los tomates, las papas, las berenjenas y los pimientos. Añadir sal y pimienta al gusto. Tape y cocine, revolviendo ocasionalmente, unos 40 minutos o hasta que todas las verduras estén tiernas y la mayor parte del líquido se haya evaporado. Si la mezcla se vuelve demasiado seca, agregue un par de cucharadas de agua. Si hay demasiado líquido, destape y cocine 5 minutos más.

3. Sirva tibio o a temperatura ambiente, solo o adornado con albahaca o queso.

Variación: Ciambotta con Huevos: Cuando las verduras estén listas, bate de 4 a 6 huevos con sal hasta que se mezclen. Vierta los huevos sobre las verduras. No revuelvas. Cubra la sartén. Cocine hasta que los huevos estén listos, aproximadamente 3 minutos. Servir tibio o a temperatura ambiente.

Cazuela De Verduras En Capas

Teglia de Verdure

Sirve de 6 a 8

Use un plato atractivo para hornear y servir para esta cacerola y sirva las verduras fuera del plato. Va bien con frittatas, pollo y muchos otros platos.

1 berenjena mediana (alrededor de 1 libra), pelada y en rodajas finas

Sal

3 papas medianas para todo uso (alrededor de 1 libra), peladas y en rodajas finas

Pimienta negra recién molida

2 cebollas medianas

1 pimiento rojo y 1 pimiento verde, sin corazón y en rodajas finas

3 tomates medianos, picados

6 hojas de albahaca, cortadas en pedacitos

1/3 taza de aceite de oliva

1. Pelar la berenjena y cortarla en rodajas finas transversales. Coloque las rebanadas en capas en un colador, rociando cada una generosamente con sal. Coloque el colador sobre un plato y déjelo reposar de 30 a 60 minutos para que se escurra. Enjuague las rodajas de berenjena y séquelas.

2. Coloque una rejilla en el centro del horno. Precaliente el horno a 375°F. Engrase generosamente una fuente para hornear de 13 × 9 × 2 pulgadas.

3. Haga una capa de rodajas de papa superpuestas en el fondo del plato. Espolvorear con sal y pimienta. Cubrir las patatas con una capa de berenjena y espolvorear con sal. Agregue capas de cebollas, pimientos y tomates. Espolvorear con sal y pimienta. Esparcir la albahaca por encima. Rocíe con el aceite de oliva.

4. Cubrir con papel aluminio. Hornear 45 minutos. Retire con cuidado la lámina. Cocine 30 minutos más o hasta que se doren y las verduras estén tiernas al pincharlas con un cuchillo. Servir tibio o a temperatura ambiente.

Panes, pizzas, pasteles salados y sándwiches

Buono come il pane, "bueno como el pan", es una antigua forma italiana de describir a alguien o algo muy especial. También ilustra cuán importante es el pan. Todo italiano sabe que el pan es lo último, lo mejor, y nada podría ser mejor que el pan. Ya sea la rosetta, un panecillo redondo seccionado que es todo corteza y poca miga, o la scaletta, panes dorados de trigo duro en forma de escalera de Sicilia horneados en hornos con cáscaras de almendras, los panes italianos tienen un carácter y un sabor maravillosos. Cada región tiene un estilo distintivo. El pan toscano y de Umbría se hace sin sal, lo que lleva un tiempo acostumbrarse. El pan de Altamura en Puglia es dorado pálido y prácticamente un tesoro nacional. La gente de Roma y de los lugares del norte paga precios elevados para conseguirlo. El pan romano está húmedo por dentro y lleno de agujeros, con un crujiente,

Luego están los panes planos: pizza, focaccia, piadina y todas las demás variaciones deliciosas. Cada región tiene su favorito. Nápoles se enorgullece de su reputación como cuna de la pizza moderna, mientras que los genoveses se atribuyen el mérito de la focaccia. En lugar de tener el sabor encima, en el sur de Italia, las tartas saladas hechas con dos capas de pan o masa de pizza horneadas alrededor de un relleno de verduras, carnes o queso son populares y se comen como refrigerio o como comida completa.

Las recetas que siguen son sólo algunas de las muchas posibilidades. Pocos italianos hornean pan en casa, porque cada barrio tiene un forno ("horno") local, como se llama la panadería de pan, donde se hornea pan fresco varias veces al día. Los panes están hechos con masas que crecen lentamente y crean sabores complejos y buena textura y masticabilidad. Debido a que se hornean en hornos que alcanzan temperaturas más altas que las de las cocinas caseras, tienen una corteza crujiente y crujiente.

Las recetas de este capítulo funcionan bien sin mucho equipo especial. Sin embargo, si le gusta hacer panes de levadura, valdría la pena invertir en una piedra para hornear o baldosas para hornear sin esmaltar. Una batidora de servicio pesado equipada con un gancho para masa o un procesador de alimentos de gran capacidad facilita el trabajo de mezclar una masa pesada y pegajosa. También se puede utilizar una panificadora para mezclar y levantar la masa, pero no es adecuada para hornear este tipo de panes.

También he incluido recetas de tartas saladas hechas con queso y verduras. Estos son buenos para un primer plato o con una ensalada para una comida completa.

Los sándwiches son populares para bocadillos y comidas ligeras en toda Italia. Los milaneses han inventado la paninoteca, una tienda de bocadillos donde se pueden pedir las combinaciones que se deseen en todo tipo de pan, para servir tostado o no. La paninoteca es especialmente popular entre la gente más joven, que pasa por bocadillos y cerveza.

En otras partes del país, puedes comer un panino hecho con pan blanco, focaccia o panecillos. A los romanos les encanta el sándwich de tramezzino (corte triangular), delgado y sin corteza, mientras que en Bolonia los sándwiches se preparan en rosette, los panecillos crujientes locales. En mi camino a casa desde Italia, siempre dejo tiempo para hacer una parada en el café del aeropuerto para tomar un sándwich de prosciutto y rúcula portare via, "para llevar", y disfrutarlo en el avión de regreso.

Pan Casero

Panel de Casa

Hace 2 panes

Aquí hay un pan básico de estilo italiano que resulta agradable y crujiente en un horno casero. Debido a que la masa es muy pegajosa, es mejor hacer este pan en una batidora de alta resistencia o en un procesador de alimentos. No caigas en la tentación de agregar más harina a la masa. Debe estar muy húmedo para obtener los resultados correctos, con grandes agujeros en la miga y una corteza crujiente.

1 cucharadita de levadura seca activa

2 tazas de agua tibia (100° a 110°F)

4 1/2 tazas de harina de pan

2 cucharaditas de sal

2 cucharadas de sémola fina

1. Vierta el agua en un tazón de batidora resistente. Espolvorear con la levadura. Deje reposar hasta que la levadura esté

cremosa, aproximadamente 2 minutos. Revuelva hasta que la levadura se disuelva.

2. Añadir la harina y la sal. Revuelva bien hasta que se forme una masa suave. La masa debe quedar muy pegajosa. Bate la masa hasta que quede suave y elástica, unos 5 minutos.

3. Aceite el interior de un tazón grande. Raspe la masa en el tazón, volteándola para engrasar la parte superior. Cubra con una envoltura de plástico y deje crecer en un lugar cálido y sin corrientes de aire hasta que duplique su volumen, aproximadamente 1 1/2 horas.

4. Aplane la masa y divídala por la mitad. Forma cada pieza en una bola. Esparza la sémola en una bandeja para hornear grande. Coloque las bolas de masa a varios centímetros de distancia en la bandeja para hornear. Cubra con una envoltura de plástico y deje crecer en un lugar cálido y sin corrientes de aire hasta que se duplique, aproximadamente 1 hora.

5. Coloque la rejilla en el centro del horno. Precaliente el horno a 450°F. Con una hoja de afeitar o un cuchillo muy afilado, corte una X en la parte superior de cada pan. Transferir la masa a la piedra para hornear. Hornee hasta que las hogazas estén doradas y suenen huecas al golpearlas en el fondo, 40 minutos.

6.Deslice los panes sobre rejillas para que se enfríen por completo. Guarde envuelto en papel de aluminio hasta 24 horas a temperatura ambiente o en el congelador hasta un mes.

Pan de Hierbas

Pane alle Erbe

Hace un pan de 12 pulgadas

En la ciudad de Forlimpopoli, en Emilia-Romagna, comí en un restaurante que una pareja joven había abierto en una villa del siglo XVII. Antes de la comida, trajeron un delicioso pan de hierbas. Cuando le pregunté al respecto, la cocinera compartió gustosamente la receta y me aconsejó que para obtener mejores resultados, debería salir al jardín al amanecer para recoger las hierbas mientras aún estaban húmedas con el rocío de la mañana. Pero aun así obtendrá buenos resultados con hierbas recogidas frescas del supermercado.

1 sobre (2 1/2 cucharaditas) de levadura seca activa o 2 cucharaditas de levadura instantánea

1 taza de agua tibia (100° a 110°F)

2 cucharadas de mantequilla sin sal, derretida y enfriada

Alrededor de 2 1/2 tazas de harina para todo uso sin blanquear

1 cucharada de azúcar

1 cucharadita de sal

1 cucharada de perejil de hoja plana fresco picado

1 cucharada de menta fresca picada

1 cucharada de tomillo fresco picado

1 cucharada de cebollín fresco picado

1 yema de huevo más 1 cucharada de agua

1. Vierta el agua en un tazón grande. Espolvorear con la levadura. Deje reposar hasta que la levadura esté cremosa, aproximadamente 2 minutos. Revuelva hasta que la levadura se disuelva.

2. Agregue la mantequilla y 2 tazas de harina, el azúcar y la sal y revuelva hasta que se forme una masa suave. Volcamos la masa sobre una superficie ligeramente enharinada. Espolvorear con las hierbas y amasar hasta que quede suave y elástica, unos 10 minutos, añadiendo más harina según sea necesario para hacer una masa húmeda pero no pegajosa. (O haga la masa en una batidora de alta resistencia, un procesador de alimentos o una máquina para hacer pan siguiendo las instrucciones del fabricante).

3. Aceite el interior de un tazón grande. Ponga la masa en el recipiente, girándola una vez para engrasar la parte superior. Cubra con una envoltura de plástico y deje crecer en un lugar cálido hasta que duplique su volumen, aproximadamente 1 hora.

4. Engrase una bandeja para hornear grande. Coloque la masa sobre una superficie ligeramente enharinada y aplánela con las manos para eliminar las burbujas de aire. Enrolle la masa entre sus manos para formar una cuerda de aproximadamente 12 pulgadas de largo. Coloque la masa en la bandeja para hornear. Cubra con una envoltura de plástico y deje crecer hasta que se duplique, aproximadamente 1 hora.

5. Coloque la rejilla en el centro del horno. Precaliente el horno a 400°F. Pincelar la masa con la mezcla de yema de huevo. Con una navaja o un cuchillo muy afilado, corte 4 cortes en la parte superior. Hornee hasta que la hogaza esté dorada y suene hueca al golpearla en el fondo, unos 30 minutos.

6. Deslice el pan sobre una rejilla para que se enfríe por completo. Envuélvelo en papel aluminio y guárdalo a temperatura ambiente hasta por 24 horas, o congélalo hasta por 1 mes.

Pan de Queso Estilo Marches

Ciaccia

Hace un pan redondo de 9 pulgadas

Puede que la región de Marches, en el centro de Italia, no sea muy conocida en lo que a comida se refiere, pero tiene mucho que ofrecer. A lo largo de la costa hay excelentes mariscos, mientras que en el interior, donde hay montañas escarpadas, la cocina es abundante y cuenta con carne de caza y trufas. Una especialidad local es el ciauscolo, una salchicha suave hecha con carne de cerdo muy finamente molida, condimentada con ajo y especias que se puede untar en el pan. Este sabroso pan elaborado con dos tipos de queso se sirve como aperitivo o como aperitivo con una copa de vino. Es ideal para un picnic, con huevos duros, salami y ensalada.

1 sobre (2 1/2 cucharaditas) de levadura seca activa o 2 cucharaditas de levadura instantánea

1 taza de leche tibia (100° a 110°F)

2 huevos grandes, batidos

2 cucharadas de aceite de oliva

1/2 taza de Pecorino Romano recién rallado

½ taza de Parmigiano-Reggiano recién rallado

Alrededor de 3 tazas de harina para todo uso sin blanquear

½ cucharadita de sal

½ cucharadita de pimienta negra recién molida

1. En un tazón grande, espolvorea la levadura sobre la leche. Deje reposar hasta que la levadura esté cremosa, aproximadamente 2 minutos. Revuelva hasta que la levadura se disuelva.

2. Agrega los huevos, el aceite y los quesos y bate bien. Con una cuchara de madera, agregue la harina, la sal y la pimienta hasta que se forme una masa suave. Volcamos la masa sobre una superficie ligeramente enharinada. Amasar hasta que quede suave y elástica, aproximadamente 10 minutos, agregando más harina según sea necesario para hacer una masa húmeda pero no pegajosa. (O haga la masa en una batidora de alta resistencia, procesador de alimentos o panificadora siguiendo las instrucciones del fabricante). Forme una bola con la masa.

3. Aceite el interior de un tazón grande. Coloque la masa en el recipiente, girándola una vez para engrasar la parte superior. Cubra con plástico y deje crecer 1 1/2 horas o hasta que doble su volumen.

4. Presione la masa hacia abajo para eliminar las burbujas de aire. Forma la masa en una bola.

5. Engrasa un molde desmontable de 9 pulgadas. Agregue la masa, cubra y deje crecer nuevamente hasta que se duplique, aproximadamente 45 minutos.

6. Coloque la rejilla en el centro del horno. Precaliente el horno a 375°F. Pintar la parte superior de la masa con la yema de huevo. Hornear hasta que estén doradas, unos 35 minutos.

7. Deje enfriar 10 minutos en la sartén. Retire los lados de la sartén, luego deslice el pan sobre una rejilla para que se enfríe por completo. Envuélvelo en papel aluminio y guárdalo a temperatura ambiente hasta por 24 horas, o congélalo hasta por 1 mes.

Rollitos De Maíz Dorado

panini de oro

Rinde de 8 a 10 porciones

Los panecillos redondos cubiertos con medio tomate cherry obtienen su color dorado de la harina de maíz. A la masa se le da forma de bolas, que se fusionan en un solo pan mientras se hornean. Los rollos se pueden servir como una hogaza entera, con cada uno arrancando los suyos. Estos son especialmente buenos para una cena de sopa o con queso.

1 sobre (2 1/2 cucharaditas) de levadura seca activa o 2 cucharaditas de levadura instantánea

1/2 taza de agua tibia (100° a 110°F)

1/2 taza de leche

1/4 taza de aceite de oliva

Alrededor de 2 tazas de harina para todo uso sin blanquear

1/2 taza de harina de maíz amarilla fina

1 cucharadita de sal

10 tomates cherry, cortados a la mitad

1. En un tazón grande, espolvorea la levadura sobre el agua. Deje reposar hasta que la levadura esté cremosa, aproximadamente 2 minutos. Revuelva hasta que la levadura se disuelva. Agregue la leche y 2 cucharadas de aceite.

2. En un tazón grande, mezcle la harina, la harina de maíz y la sal.

3. Agregue los ingredientes secos al líquido y revuelva hasta que se forme una masa. Volcamos la masa sobre una superficie ligeramente enharinada. Amasar hasta que quede suave y elástica, aproximadamente 10 minutos, agregando más harina según sea necesario para hacer una masa húmeda y ligeramente pegajosa. (O haga la masa en una batidora de alta resistencia, procesador de alimentos o panificadora siguiendo las instrucciones del fabricante). Forme una bola con la masa.

4. Aceite el interior de un tazón grande. Agregue la masa, volteando una vez para engrasar la parte superior. Cubra con una envoltura de plástico y deje crecer 1 1/2 horas en un lugar cálido y sin corrientes de aire.

5. Engrasa un molde desmontable de 10 pulgadas. Presione la masa hacia abajo para eliminar las burbujas de aire. Cortar la masa en cuartos. Corta cada cuarto en 5 piezas iguales. Enrolle

cada pieza en una bola. Acomoda las piezas en la sartén. Presiona un medio tomate con el lado cortado hacia abajo en el centro de cada trozo de masa. Cubra con una envoltura de plástico y deje crecer en un lugar cálido durante 45 minutos o hasta que se duplique.

6. Coloque la rejilla en el centro del horno. Precaliente el horno a 400°F. Rocíe la masa con las 2 cucharadas restantes de aceite de oliva. Hornea 30 minutos o hasta que estén doradas.

7. Retire los lados de la sartén. Deslice los rollos sobre una rejilla para que se enfríen. Envuélvelo en papel aluminio y guárdalo a temperatura ambiente hasta por 24 horas, o congélalo hasta por 1 mes.

Pan de Aceitunas Negras

Panel de oliva

Hace dos panes de 12 pulgadas

Este pan se elabora con un entrante, una mezcla de harina, agua y levadura. El iniciador sube por separado y se agrega a la masa para darle un sabor extra al pan. Planee hacer el iniciador al menos 1 hora o hasta un día antes.

Aunque generalmente uso sabrosas aceitunas negras italianas para esta receta, también se pueden usar aceitunas verdes. O pruebe una mezcla de varios tipos diferentes de aceitunas. Este pan es popular en la región del Véneto.

1 sobre (2 1/2 cucharaditas) de levadura seca activa o 2 cucharaditas de levadura instantánea

2 tazas de agua tibia (100° a 110°F)

Alrededor de 4 1/2 tazas de harina para todo uso sin blanquear

1/2 taza de harina de trigo integral

2 cucharaditas de sal

2 cucharadas de aceite de oliva

1 1/2 tazas de aceitunas negras sabrosas, como Gaeta, sin hueso y picadas en trozos grandes

1. En un tazón mediano, espolvorea la levadura sobre 1 taza de agua. Deje reposar hasta que la levadura esté cremosa, aproximadamente 2 minutos. Revuelva hasta que la levadura se disuelva. Agregue 1 taza de harina para todo uso. Cubra con una envoltura de plástico y deje reposar en un lugar fresco hasta que burbujee, aproximadamente 1 hora o toda la noche. (Si hace calor, coloque el iniciador en el refrigerador. Retírelo aproximadamente 1 hora antes de hacer la masa).

2. En un tazón grande, mezcle las 3 1/2 tazas restantes de harina para todo uso, la harina de trigo integral y la sal. Agregue el iniciador, la 1 taza restante de agua tibia y el aceite. Con una cuchara de madera, revuelve hasta que se forme una masa suave.

3. Voltee la masa sobre una superficie ligeramente enharinada y amase hasta que esté suave y elástica, aproximadamente 10 minutos, agregando más harina según sea necesario para hacer una masa húmeda y ligeramente pegajosa. (O haga la masa en una batidora de alta resistencia, procesador de alimentos o

panificadora siguiendo las instrucciones del fabricante). Forme una bola con la masa.

4. Aceite el interior de un tazón grande. Agregue la masa, girándola una vez para engrasar la parte superior. Cubra con una envoltura de plástico y deje crecer en un lugar cálido hasta que duplique su volumen, aproximadamente 1 1/2 horas.

5. Engrase una bandeja para hornear grande. Aplane la masa para eliminar las burbujas de aire. Amasar brevemente en las aceitunas. Divida la masa en dos y forme cada pieza en un pan de aproximadamente 12 pulgadas de largo. Coloque los panes a varias pulgadas de distancia en la bandeja para hornear preparada. Cubra con una envoltura de plástico y deje crecer hasta que doble su volumen, aproximadamente 1 hora.

6. Coloque la rejilla en el centro del horno. Precaliente el horno a 400°F. Con una hoja de afeitar de un solo filo o un cuchillo afilado, haga 3 o 4 cortes diagonales en la superficie de cada pan. Hornea de 40 a 45 minutos o hasta que estén doradas.

7. Deslice los panes sobre una rejilla para que se enfríen. Envuélvelo en papel aluminio y guárdalo a temperatura ambiente hasta por 24 horas, o congélalo hasta por 1 mes.

Pan Stromboli

Rotolo di Pane

Hace dos panes de 10 pulgadas

Por lo que sé, este pan relleno de queso y embutidos es una creación italoamericana, posiblemente inspirada en la bonata siciliana, masa de pan envuelta alrededor de un relleno y horneada en forma de barra. Stromboli es un famoso volcán siciliano, por lo que el nombre probablemente sea una referencia al hecho de que el relleno sale de las rejillas de ventilación de vapor, parecido a la lava fundida. Sirve el pan como aperitivo o tentempié.

1 cucharadita de levadura seca activa o 2 cucharaditas de levadura instantánea

¾ taza de agua tibia (100° a 110°F)

Alrededor de 2 tazas de harina para todo uso sin blanquear

1 cucharadita de sal

4 onzas de queso provolone suave o suizo en rodajas

2 onzas de salami en rodajas finas

4 onzas de jamón rebanado

1 yema de huevo batida con 2 cucharadas de agua

1. En un tazón grande, espolvorea la levadura sobre el agua. Deje reposar hasta que la levadura esté cremosa, aproximadamente 2 minutos. Revuelva hasta que la levadura se disuelva.

2. Añadir la harina y la sal. Con una cuchara de madera, revuelve hasta que se forme una masa suave. Voltee la masa sobre una superficie ligeramente enharinada y amase hasta que esté suave y elástica, aproximadamente 10 minutos, agregando más harina según sea necesario para hacer una masa húmeda pero no pegajosa. (O haga la masa en una batidora de alta resistencia, un procesador de alimentos o una máquina para hacer pan siguiendo las instrucciones del fabricante).

3. Aceite el interior de un tazón grande. Agregue la masa al tazón, girándola una vez para engrasar la parte superior. Cubra con una envoltura de plástico. Coloque en un lugar cálido y sin corrientes de aire y deje crecer hasta que se duplique, aproximadamente 1 1/2 horas.

4. Retirar la masa del recipiente y aplanarla suavemente para eliminar las burbujas de aire. Cortar la masa por la mitad y darle forma de dos bolas. Coloque las bolas en una superficie

enharinada y cubra cada una con un tazón. Deje crecer 1 hora o hasta que se duplique.

5. Coloque una rejilla para horno en el centro del horno. Precaliente el horno a 400°F. Engrase una bandeja para hornear grande.

6. En una superficie ligeramente enharinada con un rodillo, aplane una pieza de la masa en un círculo de 12 pulgadas. Disponer la mitad de las lonchas de queso sobre la masa. Cubra con la mitad del jamón y el salami. Enrolle bien la masa y el relleno en un cilindro. Pellizque la costura para sellar. Coloque el rollo con la costura hacia abajo en la bandeja para hornear. Dobla los extremos de la masa debajo del rollo. Repita con los ingredientes restantes.

7. Cepille los rollos con la mezcla de yema de huevo. Con un cuchillo, corte 4 cortes poco profundos espaciados uniformemente en la parte superior de la masa. Hornea de 30 a 35 minutos o hasta que estén doradas.

8. Transfiera a rejillas para enfriar un poco. Servir caliente, cortado en rodajas diagonales. Envuélvelo en papel aluminio y guárdalo a temperatura ambiente hasta por 24 horas, o congélalo hasta por 1 mes.

Pan de Queso con Nueces

pan nociato

Hace dos panes redondos de 8 pulgadas

Con salame, aceitunas y una botella de vino tinto, este pan de Umbría es una excelente comida. Esta versión es salada, pero en Todi, una de las ciudades medievales más bellas de la región, tenía una versión dulce que se preparaba con vino tinto, especias y pasas, y se horneaba en hojas de parra.

1 sobre (2 1/2 cucharaditas) de levadura seca activa o 2 cucharaditas de levadura instantánea

2 tazas de agua tibia (100° a 110°F)

Alrededor de 4 1/2 tazas de harina para todo uso sin blanquear

1/2 taza de harina de trigo integral

2 cucharaditas de sal

2 cucharadas de aceite de oliva

1 taza de pecorino toscano rallado

1 taza de nueces picadas, tostadas

1. En un tazón mediano, espolvorea la levadura sobre 1 taza de agua. Deje reposar hasta que la levadura esté cremosa, aproximadamente 2 minutos. Revuelva hasta que la levadura se disuelva.

2. En un tazón grande, mezcle 4 tazas de harina para todo uso, la harina de trigo integral y la sal. Agregue la mezcla de levadura, la 1 taza restante de agua tibia y el aceite. Revuelva con una cuchara de madera hasta que se forme una masa suave. Voltee la masa sobre una superficie ligeramente enharinada y amase hasta que esté suave y elástica, aproximadamente 10 minutos, agregando más harina según sea necesario para hacer una masa húmeda y ligeramente pegajosa. (O haga la masa en una batidora de alta resistencia, un procesador de alimentos o una máquina para hacer pan siguiendo las instrucciones del fabricante).

3. Aceite el interior de un tazón grande. Agregue la masa, girándola una vez para engrasar la parte superior. Cubra con una envoltura de plástico y deje crecer en un lugar cálido hasta que duplique su volumen, aproximadamente 1 1/2 horas.

4. Engrase una bandeja para hornear grande. Aplane la masa para eliminar las burbujas de aire. Esparce el queso y las nueces por encima y amasa solo para distribuir los ingredientes. Divida la masa en dos y forme cada pieza en un pan redondo. Coloque los

panes a varias pulgadas de distancia en la bandeja para hornear preparada. Cubra con una envoltura de plástico y deje crecer hasta que doble su volumen, aproximadamente 1 hora.

5. Coloque la rejilla del horno en el centro del horno. Precaliente el horno a 400°F. Con una hoja de afeitar de un solo filo o un cuchillo afilado, haga 3 o 4 cortes diagonales en la superficie de cada pan. Hornee hasta que estén doradas y los panes suenen huecos cuando los golpee en el fondo, aproximadamente de 40 a 45 minutos.

6. Deslice los panes sobre una rejilla para que se enfríen por completo. Servir a temperatura ambiente. Envuélvalo en papel aluminio y guárdelo a temperatura ambiente hasta 24 horas o congélelo hasta 1 mes.

Rollos De Tomate

Panini al Pomodoro

Hace 8 rollos

La pasta de tomate tiñe estos rollos de un agradable rojo anaranjado y agrega un toque de sabor a tomate. Me gusta usar la pasta de tomate de doble concentración que se vende en tubos como pasta de dientes. Tiene buen sabor a tomate dulce y, como la mayoría de las recetas requieren solo una cucharada o dos de la pasta, puede usar la cantidad que necesite, luego cierre el tubo y guárdelo en el refrigerador, a diferencia de la pasta de tomate enlatada.

Aunque no suelo pensar en el Véneto cuando pienso en tomates, estos rollos son populares allí.

1 sobre (2 1/2 cucharaditas) de levadura seca activa o 2 cucharaditas de levadura instantánea

1/2 taza más 3/4 taza de agua tibia (100° a 110°F)

1/4 taza de pasta de tomate

2 cucharadas de aceite de oliva

Alrededor de 23/4 tazas de harina para todo uso sin blanquear

2 cucharaditas de sal

1 cucharadita de orégano seco, desmenuzado

1. En un tazón mediano, espolvorea la levadura sobre 1/2 taza de agua. Deje reposar hasta que la levadura esté cremosa, aproximadamente 2 minutos. Revuelva hasta que la levadura se disuelva. Agregue la pasta de tomate y el resto del agua y revuelva hasta que quede suave. Agregue el aceite de oliva.

2. En un tazón grande, mezcle la harina, la sal y el orégano.

3. Vierta el líquido en los ingredientes secos. Con una cuchara de madera, revuelve hasta que se forme una masa suave. Voltee la masa sobre una superficie ligeramente enharinada y amase hasta que esté suave y elástica, aproximadamente 10 minutos, agregando más harina según sea necesario para hacer una masa húmeda y ligeramente pegajosa. (O haga la masa en una batidora de alta resistencia, un procesador de alimentos o una máquina para hacer pan siguiendo las instrucciones del fabricante).

4. Aceite el interior de un tazón grande. Agregue la masa, girándola una vez para engrasar la parte superior. Cubra con una envoltura de plástico y deje crecer 11/2 horas o hasta que se duplique.

5. Engrase una bandeja para hornear grande. Aplane la masa para eliminar las burbujas de aire. Cortar la masa en 8 piezas iguales. Forma cada pieza en una bola. Coloque las bolas a varias pulgadas de distancia en la bandeja para hornear. Cubra con una envoltura de plástico y deje crecer hasta que se duplique, aproximadamente 1 hora.

6. Coloque la rejilla en el centro del horno. Precaliente el horno a 400°F. Hornee hasta que los rollos estén dorados y suenen huecos al golpearlos en la parte inferior, aproximadamente 20 minutos.

7. Deslice los rollos sobre una rejilla para que se enfríen por completo. Sirva a temperatura ambiente. Almacenar envuelto en papel de aluminio hasta 24 horas, o congelar hasta 1 mes.

Brioche Campestre

Brioche Rústica

Hace 8 porciones

La masa de brioche rica en mantequilla y huevo, probablemente introducida por los cocineros franceses en Nápoles alrededor de 1700, se realza con jamón picado y queso. Este sabroso pan es un buen antipasto o sírvelo con una ensalada antes o después de una comida. Tenga en cuenta que esta masa se bate hasta que quede suave y no amasada.

1/2 taza de leche tibia (100° a 110°F)

1 sobre (21/2 cucharaditas) de levadura seca activa o 2 cucharaditas de levadura instantánea

4 cucharadas (1/2 barra) de mantequilla sin sal, a temperatura ambiente

1 cucharada de azúcar

1 cucharadita de sal

2 huevos grandes, a temperatura ambiente

Alrededor de 21/2 tazas de harina para todo uso sin blanquear

½ taza de mozzarella fresca picada, seca si está húmeda

½ taza de queso provolone picado

½ taza de jamón picado

1. Vierta la leche en un tazón pequeño y espolvoree la levadura. Deje reposar hasta que la levadura esté cremosa, aproximadamente 2 minutos. Revuelva hasta que la levadura se disuelva.

2. En un tazón grande para batidora de servicio pesado o en un procesador de alimentos, bata la mantequilla, el azúcar y la sal hasta que se mezclen. Batir los huevos. Con una cuchara de madera, agregue la mezcla de leche. Agregue la harina y bata hasta que quede suave. La masa estará pegajosa.

3. En una superficie ligeramente enharinada, forma la masa en una bola. Cubra con un recipiente invertido y deje reposar 30 minutos.

4. Unte con mantequilla y enharine un tubo de 10 pulgadas o un molde Bundt.

5. Enharina ligeramente un rodillo. Estire la masa en un rectángulo de 22 × 8 pulgadas. Esparza el queso y la carne sobre la masa, dejando un borde de 1 pulgada en los lados largos. Comenzando

por un lado largo, enrolle bien la masa para formar un cilindro. Pellizque la costura para sellar. Coloque el rollo con la costura hacia abajo en la fuente preparada. Pellizque los extremos para sellar. Cubra la sartén con una envoltura de plástico. Deje que la masa suba en un lugar cálido y sin corrientes de aire hasta que se duplique, aproximadamente 1 1/2 horas.

6. Coloque la rejilla del horno en el centro del horno. Precaliente el horno a 350°F. Hornee hasta que las hogazas estén doradas y suenen huecas al golpearlas en el fondo, aproximadamente 35 minutos.

7. Deslice los panes sobre una rejilla para que se enfríen por completo. Servir a temperatura ambiente. Envuélvelo en papel aluminio y guárdalo a temperatura ambiente hasta por 24 horas, o congélalo hasta por 1 mes.

Pan de papel con música sarda

Carta da Música

Rinde de 8 a 12 porciones

Las hojas grandes de pan fino como el papel se llaman "papel de música" en Cerdeña, porque en un tiempo el pan, como el papel, se enrollaba para facilitar su almacenamiento. Los sardos parten las hojas en trozos más pequeños para comerlas con las comidas o como refrigerio con queso suave de cabra u oveja, o remojarlas en sopa o cubrirlas con salsas como la pasta. La harina de sémola se puede encontrar en muchas tiendas especializadas o en catálogos como el King Arthur Flour Baker's Catalog (verFuentes).

Alrededor de 1 1/4 tazas de harina para pan o para todo uso sin blanquear

1 1/4 tazas de harina de sémola fina

1 cucharadita de sal

1 taza de agua tibia

1. En un tazón grande, combine la harina para todo uso o para pan, la harina de sémola y la sal. Con una cuchara de madera, agregue el agua hasta que la mezcla forme una masa suave.

2. Raspe la masa sobre una superficie ligeramente enharinada. Amasar la masa, agregando harina adicional según sea necesario, para formar una masa dura que sea suave y elástica, aproximadamente 5 minutos. Forma la masa en una bola. Cubra con un recipiente invertido y deje reposar a temperatura ambiente durante 1 hora.

3. Coloque la rejilla en el centro del horno. Precaliente el horno a 450°F.

4. Divide la masa en seis partes. Con un rodillo sobre una superficie ligeramente enharinada, extienda un trozo de masa en un círculo de 12 pulgadas, lo suficientemente delgado como para que pueda ver su mano a través de él cuando la masa se sostenga contra la luz. Coloque la masa sobre el rodillo para levantarla. Coloque la masa en una bandeja para hornear sin engrasar, teniendo cuidado de alisar las arrugas.

5. Hornee unos 2 minutos o hasta que la parte superior del pan esté firme. Proteja una mano con una agarradera y sosteniendo una espátula grande de metal en la otra mano, dé vuelta la masa. Hornea unos 2 minutos más o hasta que estén ligeramente dorados.

6. Transfiera el pan a una rejilla para que se enfríe por completo. Repita con la masa restante.

7. Para servir, parta cada hoja en 2 o 4 pedazos. Guarde las sobras en un lugar seco en una bolsa de plástico bien cerrada.

Variación: Para servir como aperitivo, recaliente el pan en una bandeja para hornear en un horno bajo durante 5 minutos o hasta que esté tibio. En un plato, apilar las piezas, rociando cada capa con aceite de oliva virgen extra y sal gruesa o romero fresco picado. Servir tibio.

Pan plano de cebolla roja

Focaccia alle Cipolle Rosso

Rinde de 8 a 10 porciones

La masa de esta focaccia es muy húmeda y pegajosa, por lo que se mezcla entera en un bol sin amasar. Mézclelo a mano con una cuchara de madera o use una batidora eléctrica de alta resistencia, un procesador de alimentos o una panificadora. Una subida larga y lenta le da a este pan un sabor delicioso y una textura ligera como de torta. Aunque la mayoría de las focaccias saben mejor tibias, esta es tan húmeda que aguanta incluso a temperatura ambiente.

1 sobre (2 1/2 cucharaditas) de levadura seca activa o levadura instantánea

1/2 taza de agua tibia (100° a 110°F)

1 1/2 tazas de leche, a temperatura ambiente

6 cucharadas de aceite de oliva

Alrededor de 5 tazas de harina para todo uso sin blanquear

2 cucharadas de romero fresco finamente picado

2 cucharaditas de sal

½ taza de cebolla roja picada en trozos grandes

1. En un tazón mediano, espolvorea la levadura sobre el agua tibia. Deje reposar hasta que la levadura esté cremosa, aproximadamente 2 minutos. Revuelva hasta que la levadura se disuelva. Agregue la leche y 4 cucharadas de aceite y revuelva para combinar.

2. En un tazón grande para batidora resistente o en un procesador de alimentos, mezcle la harina, el romero y la sal. Agregue la mezcla de levadura y revuelva hasta que se forme una masa suave. Amasar hasta que quede suave y elástica, alrededor de 3 a 5 minutos. La masa estará pegajosa.

3. Aceitar un bol grande. Raspe la masa en el tazón y cúbralo con una envoltura de plástico. Deje crecer en un lugar cálido y sin corrientes de aire hasta que se duplique, aproximadamente 1 1/2 horas.

4. Engrase un molde para hornear de 13 × 9 × 2 pulgadas. Raspe la masa en la sartén, extendiéndola uniformemente. Cubra con una envoltura de plástico y deje crecer 1 hora o hasta que doble su volumen.

5. Coloque la rejilla del horno en el centro del horno. Precaliente el horno a 450°F.

6. Con las yemas de los dedos, presione firmemente hacia abajo en la masa para hacer hoyuelos de aproximadamente 1 pulgada de distancia y 1/2 pulgada de profundidad. Rocíe la superficie con las 2 cucharadas restantes de aceite de oliva y esparza las rodajas de cebolla encima. Espolvorear con sal gruesa. Hornee hasta que estén crujientes y doradas, alrededor de 25 a 30 minutos.

7. Deslice la focaccia sobre una rejilla para que se enfríe. Cortar en cuadrados. Servir tibio o a temperatura ambiente. Almacenar a temperatura ambiente envuelto en papel de aluminio hasta 24 horas.

Pan plano de vino blanco

Focaccia al Vino

Rinde de 8 a 10 porciones

El vino blanco le da a esta focaccia al estilo de Génova un sabor único. Por lo general, se cubre con cristales de sal marina gruesa, pero puede sustituirlo por salvia fresca o romero si lo prefiere. En Génova, se come en todas las comidas, incluido el desayuno, y los escolares recogen una rebanada en la panadería para comerla como merienda a media mañana. La masa para esta focaccia es muy húmeda y pegajosa, por lo que es mejor prepararla en una batidora o procesador de alimentos de alta resistencia.

Esta focaccia está hecha con un iniciador: una combinación de levadura, harina y agua que le da a muchos panes un sabor extra y una buena textura. El entrante se puede preparar desde 1 hora o hasta 24 horas antes de hacer el pan, así que planifique en consecuencia.

1 sobre (2 1/2 cucharaditas) de levadura seca activa o 2 cucharaditas de levadura instantánea

1 taza de agua tibia (100° a 110°F)

Alrededor de 4 tazas de harina para todo uso sin blanquear

2 cucharaditas de sal

1/2 taza de vino blanco seco

1/4 taza de aceite de oliva

Adición

3 cucharadas de aceite de oliva virgen extra

1 cucharadita de sal marina gruesa

1. Para hacer el entrante, espolvorea la levadura sobre el agua. Deje reposar hasta que la levadura esté cremosa, aproximadamente 2 minutos. Revuelva hasta que la levadura se disuelva. Batir en 1 taza de la harina hasta que quede suave. Cubra con una envoltura de plástico y deje a temperatura ambiente durante aproximadamente 1 hora o hasta 24 horas. (Si hace calor, coloque el iniciador en el refrigerador. Retírelo aproximadamente 1 hora antes de hacer la masa).

2. En una batidora o procesador de alimentos de alta resistencia, combine 3 tazas de harina y la sal. Añadir el entrante, el vino y el aceite. Revuelva la masa hasta que quede suave y elástica,

alrededor de 3 a 5 minutos. Quedará muy pegajoso, pero no agregues más harina.

3. Aceite el interior de un tazón grande. Agrega la masa. Cubra con una envoltura de plástico y deje crecer en un lugar cálido y sin corrientes de aire hasta que duplique su volumen, aproximadamente 1 1/2 horas.

4. Engrase una bandeja para hornear grande o un molde para rollos de gelatina de 15 × 10 × 1 pulgada. Aplanar la masa. Colóquelo en la sartén, dándole palmaditas y estirándolo con las manos para que encaje. Cubra con una envoltura de plástico y deje crecer hasta que se duplique, aproximadamente 1 hora.

5. Coloque la rejilla en el centro del horno. Precaliente el horno a 425°F. Presione la masa firmemente con las yemas de los dedos para hacer hoyuelos de aproximadamente 1 pulgada de distancia en toda la superficie. Rocíe con las 3 cucharadas de aceite. Espolvorear con sal marina. Hornee de 25 a 30 minutos o hasta que estén crujientes y doradas.

6. Deslice la focaccia sobre una rejilla para que se enfríe un poco. Cortar en cuadrados o rectángulos y servir tibio.

Pan plano de tomates secados al sol

Focaccia de Pomodori Secchi

Rinde de 8 a 10 porciones

Los tomates húmedos, marinados y secados al sol son los que se usan para esta focaccia de forma libre. Si solo tiene los tomates secos que no están reconstituidos, simplemente sumérjalos en agua tibia durante unos minutos hasta que se hinchen.

1 cucharadita de levadura seca activa

1 taza de agua tibia (100° a 110°F)

Alrededor de 3 tazas de harina para todo uso sin blanquear

1 cucharadita de sal

4 cucharadas de aceite de oliva virgen extra

8 a 10 piezas de tomates secados al sol marinados, escurridos y cortados en cuartos

Una pizca de orégano seco, desmenuzado

1. Espolvorear la levadura sobre el agua. Deje reposar hasta que la levadura esté cremosa, aproximadamente 2 minutos. Revuelva hasta que la levadura se disuelva. Añadir 2 cucharadas de aceite.

2. En un tazón grande, mezcle la harina y la sal. Agregue la mezcla de levadura y revuelva con una cuchara de madera hasta que se forme una masa suave.

3. Volcamos la masa sobre una superficie ligeramente enharinada. Amasar hasta que quede suave y elástica, aproximadamente 10 minutos, agregando más harina según sea necesario para hacer una masa húmeda y ligeramente pegajosa. (O haga la masa en una batidora de alta resistencia, procesador de alimentos o panificadora siguiendo las instrucciones del fabricante). Forme una bola con la masa.

4. Aceite el interior de un tazón grande. Agregue la masa, volteando una vez para engrasar la parte superior. Cubra con una envoltura de plástico y deje crecer en un lugar cálido y sin corrientes de aire hasta que duplique su volumen, aproximadamente 1 1/2 horas.

5. Engrase una bandeja para hornear grande o un molde para pizza redondo de 12 pulgadas. Coloque la masa en la sartén. Aceita tus manos y aplana la masa en un círculo de 12 pulgadas. Cubra con

una envoltura de plástico y deje crecer hasta que se duplique, aproximadamente 45 minutos.

6. Coloque la rejilla del horno en el centro del horno. Precaliente el horno a 450°F. Con las yemas de los dedos, haga hoyuelos en la masa con una separación de aproximadamente 1 pulgada. Presiona un poco de tomate en cada hoyuelo. Rocíe con las 2 cucharadas restantes de aceite de oliva, untándolo con los dedos. Espolvorear con el orégano. Hornea 25 minutos o hasta que estén doradas.

7. Deslice la focaccia sobre una tabla de cortar y córtela en cuadrados. Servir tibio.

Pan plano de patata romana

Pizza de patata

Rinde de 8 a 10 porciones

Mientras que los romanos comen mucha pizza con los ingredientes típicos, su primer amor es la pizza bianca, "pizza blanca", un pan plano largo y rectangular similar a la focaccia al estilo de Génova, solo que más crujiente y con más bultos. La pizza blanca generalmente se cubre solo con sal y aceite de oliva, aunque esta variación con papas crujientes en rodajas finas también es popular.

1 sobre (2½ cucharaditas) de levadura seca activa o 2 cucharaditas de levadura instantánea

1 taza de agua tibia (100° a 110°F)

Alrededor de 3 tazas de harina para todo uso sin blanquear

1 cucharadita de sal y más para las papas

6 cucharadas de aceite de oliva

1 libra de papas amarillas, como Yukon gold, peladas y en rodajas muy finas

Pimienta negra recién molida

1. Espolvorear la levadura sobre el agua. Deje reposar hasta que la levadura esté cremosa, aproximadamente 2 minutos. Revuelva hasta que la levadura se disuelva.

2. En un tazón grande, combine 3 tazas de harina y 1 cucharadita de sal. Agregue la mezcla de levadura y 2 cucharadas de aceite. Con una cuchara de madera, revuelve hasta que se forme una masa suave. Voltee la masa sobre una superficie ligeramente enharinada y amase hasta que esté suave y elástica, aproximadamente 10 minutos, agregando más harina según sea necesario para hacer una masa húmeda pero no pegajosa. (O haga la masa en una batidora de alta resistencia, un procesador de alimentos o una máquina para hacer pan siguiendo las instrucciones del fabricante).

3. Aceite el interior de un tazón grande. Agregue la masa y gírela una vez para engrasar la parte superior. Cubra con una envoltura de plástico. Deje crecer en un lugar tibio y sin corrientes de aire hasta que doble su volumen, alrededor de 1 1/2 horas.

4. Aceitar un molde de 15 × 10 × 1 pulgada. Aplane suavemente la masa y colóquela en la sartén. Estirar y estirar la masa para que quepa en el molde. Cubra con una envoltura de plástico y deje crecer hasta que se duplique, aproximadamente 45 minutos.

5. Coloque la rejilla en el centro del horno. Precaliente el horno a 425°F. En un tazón, mezcle las papas con las 4 cucharadas restantes de aceite de oliva y sal y pimienta al gusto. Coloque las rebanadas sobre la masa, superponiéndolas ligeramente.

6. Hornear 30 minutos. Suba el fuego a 450°F. Hornea 10 minutos más o hasta que las papas estén tiernas y doradas. Deslice la pizza sobre una tabla y córtela en cuadrados. Servir caliente.

Panes a la Plancha de Emilia-Romaña

piadina

Hace 8 panes

Piadina es un pan plano redondo horneado en una plancha o piedra que es popular en Emilia-Romaña. En las ciudades costeras a lo largo de la costa del Adriático, durante el verano, aparecen coloridos puestos de lona a rayas en las esquinas de las calles. Alrededor de la hora del almuerzo, los puestos abren para los negocios y los operadores vestidos con uniformes enrollan y hornean piadine a pedido en planchas planas. Aproximadamente nueve pulgadas de diámetro, las piadinas calientes se doblan por la mitad, luego se rellenan con queso, prosciutto en rodajas, salami o verduras salteadas (comoEscarola con Ajo), y se comen como sándwiches.

Aunque la piadina generalmente se hace con manteca de cerdo, sustituyo el aceite de oliva, ya que la manteca de cerdo fresca no siempre está disponible. Para un antipasto o merienda, corte la piadina en gajos.

3 1/2 tazas de harina para todo uso sin blanquear

1 cucharadita de sal

1 cucharadita de polvo de hornear

1 taza de agua tibia

¼ taza de manteca de cerdo fresca, derretida y enfriada, o aceite de oliva

Verduras cocidas, carnes en rodajas o quesos

1. En un tazón grande, mezcle la harina, la sal y el polvo de hornear. Añadir el agua y la manteca o el aceite. Con una cuchara de madera, revuelve hasta que se forme una masa suave. Raspe la masa sobre una superficie ligeramente enharinada y amase la masa brevemente hasta que esté suave. Forma la masa en una bola. Cubra con un recipiente invertido y deje reposar de 30 minutos a 1 hora.

2. Cortar la masa en 8 piezas iguales. Dejando las piezas restantes cubiertas, extienda una pieza de la masa en un círculo de 8 pulgadas. Repita con la masa restante, apilando los círculos con un trozo de papel encerado entre cada uno.

3. Precalienta el horno a 250°F. A fuego medio, caliente una sartén grande antiadherente o una plancha para panqueques hasta que esté muy caliente y una gota de agua chisporrotee y desaparezca rápidamente cuando toque la superficie. Coloque un círculo de masa en la superficie y cocine de 30 a 60 segundos, o hasta que

la piadina comience a endurecerse y se dore. Voltea la masa y cocina de 30 a 60 segundos más, o hasta que esté bien dorada por el otro lado.

4. Envuelva la piadina en papel de aluminio y manténgala caliente en el horno mientras cocina los círculos de masa restantes de la misma manera.

5. Para servir, coloque verduras o rebanadas de prosciutto, salami o queso a un lado de una piadina. Dobla la piadina sobre el relleno y cómelo como un bocadillo.

palitos de pan

Grissini

Rinde alrededor de 6 docenas de palitos de pan.

Una máquina de pasta equipada con el cortador de fettuccine también puede hacer palitos de pan largos y delgados llamados grissini. (También proporciono instrucciones si desea o necesita cortar la masa de palitos de pan a mano). Varíe el sabor agregando pimienta negra molida o hierbas secas como romero picado, tomillo u orégano a la masa.

1 sobre (2 1/2 cucharaditas) de levadura seca activa o 2 cucharaditas de levadura instantánea

1 taza de agua tibia (100° a 110°F)

2 cucharadas de aceite de oliva virgen extra

Alrededor de 2 1/2 tazas de harina para todo uso sin blanquear o harina para pan

1 cucharadita de sal

2 cucharadas de harina de maíz amarillo

1. En un tazón grande, espolvorea la levadura sobre el agua. Deje reposar hasta que la levadura esté cremosa, aproximadamente 2 minutos. Revuelva hasta que la levadura se disuelva.

2. Agregue el aceite de oliva. Agregue 2 1/2 tazas de harina y la sal. Revuelva hasta que se forme una masa suave.

3. En una superficie ligeramente enharinada, amase la masa hasta que esté firme y elástica, aproximadamente 10 minutos, agregando harina adicional según sea necesario para hacer una masa no pegajosa. (O haga la masa en una batidora de alta resistencia, un procesador de alimentos o una máquina para hacer pan siguiendo las instrucciones del fabricante).

4. Aceite el interior de un tazón grande. Coloque la masa en el recipiente, girándola una vez para engrasar la parte superior. Cubra con una envoltura de plástico y deje crecer en un lugar cálido y sin corrientes de aire hasta que duplique su volumen, aproximadamente 1 1/2 horas.

5. Coloque dos rejillas en el centro del horno. Precaliente el horno a 350°F. Espolvorea dos bandejas para hornear grandes con harina de maíz.

6. Amasar la masa brevemente para eliminar las burbujas de aire. Divide la masa en 6 piezas. Aplane una pieza de masa en un

óvalo de 5 × 4 × 1/4 pulgadas. Espolvoréelo con harina adicional para que no quede pegajoso. Mantenga la masa restante cubierta.

7. Inserte un extremo corto de la masa en el cortador de fettuccine en una máquina para hacer pasta y corte la masa en tiras de 1/4 de pulgada. Para cortar la masa a mano, aplanarla con un rodillo sobre una tabla de cortar. Cortar en tiras de 1/4 de pulgada con un cuchillo grande y pesado sumergido en harina.

8. Coloque las tiras con una separación de 1/2 pulgada en una de las bandejas para hornear preparadas. Repita con la masa restante. Hornee de 20 a 25 minutos o hasta que estén ligeramente doradas, girando las bandejas hasta la mitad.

9. Enfriar en moldes sobre rejillas de alambre. Conservar en un recipiente hermético hasta 1 mes.

Anillos de hinojo

Taralli al Finocchio

Hace 3 docenas de anillos.

Los taralli son palitos de pan crujientes en forma de anillo. Se pueden aromatizar simplemente con aceite de oliva o con pimiento rojo triturado, pimienta negra, orégano u otras hierbas, y son populares en todo el sur de Italia. También hay taralli dulces, que son buenos para mojar en vino o con café. Los taralli pueden ser tan pequeños como una moneda de cinco centavos o varias pulgadas, pero siempre son duros y crujientes. Me gusta servirlos con vino y queso.

1 sobre (2½ cucharadas) de levadura seca activa o 2 cucharaditas de levadura instantánea

¼ taza de agua tibia (100° a 110°F)

1 taza de harina para todo uso sin blanquear

1 taza de harina de sémola

1 cucharada de semillas de hinojo

1 cucharadita de sal

⅓ taza de vino blanco seco

¼ taza de aceite de oliva

1. En una taza medidora, espolvorea la levadura sobre el agua. Deje reposar hasta que la levadura esté cremosa, aproximadamente 2 minutos. Revuelva hasta que la levadura se disuelva.

2. En un tazón grande, mezcle las dos harinas, el hinojo y la sal. Agregue la mezcla de levadura, el vino y el aceite. Revuelva hasta que se forme una masa suave, aproximadamente 2 minutos. Raspe la masa sobre una superficie ligeramente enharinada y amase hasta que quede suave y elástica, aproximadamente 10 minutos. Forma la masa en una bola.

3. Aceite el interior de un tazón grande. Coloque la masa en el recipiente, girándola una vez para engrasar la parte superior. Cubra y deje crecer en un lugar cálido y sin corrientes de aire hasta que doble su volumen, aproximadamente 1 hora.

4. Divida la masa en tercios, luego cada tercio por la mitad para hacer 6 piezas iguales. Manteniendo el resto cubierto con un tazón volcado, corte una pieza en 6 piezas iguales. Estire las piezas en longitudes de 4 pulgadas. Forme cada uno en un anillo, pellizcando los extremos para sellarlos. Repita con la masa restante.

5. Coloque varios paños de cocina sin pelusa. Llene una sartén grande hasta la mitad con agua. Llevar el agua a ebullición. Agregue los anillos de masa unos pocos a la vez. (No los amontone.) Hierva 1 minuto o hasta que los anillos suban a la superficie. Retire los anillos con una espumadera y colóquelos sobre las toallas de cocina para que se escurran. Repita con la masa restante.

6. Coloque dos rejillas en el centro del horno. Precaliente el horno a 350°F. Coloque los anillos de masa a una pulgada de distancia en 2 bandejas para hornear grandes sin engrasar. Hornee hasta que estén doradas, unos 45 minutos, girando los moldes a la mitad. Apaga el horno y abre ligeramente la puerta. Deje que los anillos se enfríen en el horno durante 10 minutos.

7. Transfiera los anillos a rejillas de alambre para que se enfríen. Conservar en un recipiente hermético hasta 1 mes.

Aros De Almendra Y Pimienta Negra

Taralli con le Mandorle

Hace 32 anillos

Siempre que voy a Nápoles, una de mis primeras paradas es la panadería para comprar una bolsa grande de estos aros de pan crujiente. Son más sabrosos que los pretzels u otros bocadillos y son perfectos para comer antes o con las comidas. Las napolitanas las hacen con manteca de cerdo, lo que les da un sabor maravilloso y una textura que se deshace en la boca, pero también son excelentes hechas con aceite de oliva. Estos se conservan bien y es agradable tenerlos a mano como compañía.

1 sobre (2 1/2 cucharadas) de levadura seca activa o 2 cucharaditas de levadura instantánea

1 taza de agua tibia (100° a 110°F)

1/2 taza de manteca de cerdo, derretida y enfriada, o aceite de oliva

3 1/2 tazas de harina para todo uso sin blanquear

2 cucharaditas de sal

2 cucharaditas de pimienta negra recién molida

1 taza de almendras, finamente picadas

1. Espolvorear la levadura sobre el agua. Deje reposar hasta que la levadura esté cremosa, aproximadamente 2 minutos. Revuelva hasta que la levadura se disuelva.

2. En un tazón grande, combine la harina, la sal y la pimienta. Agregue la mezcla de levadura y la manteca de cerdo. Revuelva hasta que se forme una masa suave. Voltee la masa sobre una superficie ligeramente enharinada y amase hasta que quede suave y elástica, aproximadamente 10 minutos. Amasar las almendras.

3. Forma la masa en una bola. Cubra la masa con un tazón volcado y deje crecer en un lugar cálido hasta que se duplique, aproximadamente 1 hora.

4. Coloque 2 parrillas en el centro del horno. Precaliente el horno a 350°F. Presione la masa hacia abajo para eliminar las burbujas de aire. Corte la masa por la mitad, luego corte cada mitad por la mitad nuevamente, luego cada cuarto por la mitad para hacer 8 piezas iguales. Manteniendo la masa restante cubierta, divida 1 pieza en 4 piezas iguales. Enrolle cada pieza en una cuerda de 6 pulgadas. Gira cada cuerda 3 veces, luego dale forma de anillo, pellizcando los extremos para sellar. Coloque los anillos a 1

pulgada de distancia en dos bandejas para hornear sin engrasar. Repita con la masa restante.

5. Hornee los aros durante 1 hora o hasta que estén dorados y crujientes, girando las bandejas aproximadamente a la mitad. Apague el fuego y deje que los anillos se enfríen y se sequen en el horno durante 1 hora.

6. Retire del horno y transfiera a rejillas para enfriar completamente. Conservar en un recipiente hermético hasta 1 mes.

Pizza casera

Pizza de Casa

Rinde de 6 a 8 porciones

Si visitas una casa en el sur de Italia, este es el tipo de pizza que te servirán. Es bastante diferente del pastel redondo tipo pizzería.

Una pizza hecha en casa tiene aproximadamente 3⁄4 de pulgada de grosor cuando se hornea en una sartén grande. Debido a que la sartén está engrasada, el fondo se pone crujiente. Se hornea con solo una pizca de queso rallado en lugar de mozzarella, que se volvería demasiado masticable si la pizza se sirviera a temperatura ambiente, como sucede a menudo. Este tipo de pizza resistirá bien el recalentamiento.

Prueba este pastel con una salsa de salchicha o champiñones y agrega mozzarella u otro queso derretido si planeas comerlo tan pronto como esté horneado.

Masa

1 sobre (21⁄2 cucharadas) de levadura seca activa o 2 cucharaditas de levadura instantánea

1 1/4 tazas de agua tibia (100° a 110°F)

Alrededor de 3 1/2 tazas de harina para todo uso sin blanquear

2 cucharaditas de sal

2 cucharadas de aceite de oliva

Adición

1 receta (alrededor de 3 tazas)Salsa Pizzaiola

1/2 taza de Pecorino Romano recién rallado

Aceite de oliva

1. Preparar la masa: Espolvorear la levadura sobre el agua. Deje reposar hasta que la levadura esté cremosa, aproximadamente 2 minutos. Revuelva hasta que la levadura se disuelva.

2. En un tazón grande, combine 3 1/2 tazas de harina y la sal. Agregue la mezcla de levadura y el aceite de oliva. Revuelva con una cuchara de madera hasta que se forme una masa suave. Voltee la masa sobre una superficie ligeramente enharinada y amase hasta que esté suave y elástica, agregando más harina si es necesario para hacer una masa húmeda pero no pegajosa, aproximadamente 10 minutos. (O haga la masa en una batidora

de alta resistencia, procesador de alimentos o panificadora siguiendo las instrucciones del fabricante).

3. Cubra ligeramente un tazón grande con aceite. Coloque la masa en el recipiente, girándola una vez para engrasar la parte superior. Cubra con una envoltura de plástico. Colóquelo en un lugar cálido y sin corrientes de aire y déjelo crecer hasta que se duplique, aproximadamente 1 1/2 horas.

4. Coloque una rejilla en el centro del horno. Aceitar un molde para gelatina de 15 × 10 × 1 pulgada. Aplane suavemente la masa. Coloque la masa en el centro de la sartén y estírela y déle palmaditas para que encaje. Cúbralo con una envoltura de plástico y déjelo crecer unos 45 minutos, o hasta que esté hinchado y casi duplique su volumen.

5. Mientras la masa sube en la sartén, prepare la salsa. Precaliente el horno a 450°F. Con las yemas de los dedos, presione firmemente la masa para hacer hoyuelos en intervalos de 1 pulgada por toda la superficie. Extienda la salsa sobre la masa, dejando un borde de 1/2 pulgada alrededor. Hornear 20 minutos.

6. Espolvorear con el queso. Rocíe con aceite. Regrese la pizza al horno y hornee por 5 minutos, o hasta que el queso se derrita y

la masa se dore. Cortar en cuadrados y servir caliente o a temperatura ambiente.

Masa de pizza al estilo napolitano

Hace suficiente para cuatro pizzas de 9 pulgadas

En Nápoles, donde hacer pizza es una forma de arte, la masa ideal para pizza es masticable y ligeramente crujiente, lo suficientemente flexible como para que se pueda doblar sin que la masa se agriete. Las pizzas napolitanas no son ni gruesas y pastosas ni delgadas y crujientes.

Para lograr el equilibrio adecuado con el tipo de harina disponible en los Estados Unidos, se necesita una combinación de harina blanda para tortas con bajo contenido de gluten y harina para todo uso más dura y con alto contenido de gluten. Para una corteza más crujiente, aumente la cantidad de harina para todo uso y disminuya proporcionalmente la cantidad de harina para pasteles. La harina de pan, que tiene un alto contenido de gluten, haría que la masa de la pizza fuera demasiado dura.

La masa de pizza se puede mezclar y amasar en una batidora eléctrica de alta resistencia o en un procesador de alimentos o incluso en una máquina para hacer pan. Para una verdadera textura de pizzería, hornee los pasteles directamente sobre una piedra para hornear o sobre baldosas de cantera sin esmaltar, disponibles en las tiendas de utensilios de cocina.

Esta receta rinde suficiente para cuatro pizzas. En Nápoles, todos obtienen su propia pizza, pero debido a que es difícil hornear más de un pastel a la vez en un horno casero, corto cada pastel en gajos para servir.

1 cucharadita de levadura seca activa o levadura instantánea

1 taza de agua tibia (100 a 110 °F)

1 taza de harina de pastel simple (no leudante)

Alrededor de 3 tazas de harina para todo uso sin blanquear

2 cucharaditas de sal

1. Espolvorear la levadura sobre el agua. Deje reposar hasta que la levadura esté cremosa, aproximadamente 2 minutos. Revuelva hasta que la levadura se disuelva.

2. En un tazón grande, combine las dos harinas y la sal. Agregue la mezcla de levadura y revuelva hasta que se forme una masa suave. Voltee la masa sobre una superficie ligeramente enharinada y amase hasta que esté suave y elástica, agregando más harina según sea necesario para hacer una masa húmeda pero no pegajosa, aproximadamente 10 minutos. (O haga la masa en una batidora de alta resistencia, un procesador de

alimentos o una máquina para hacer pan siguiendo las instrucciones del fabricante).

3. Forma la masa en una bola. Colócala sobre una superficie enharinada y cúbrela con un bol volcado. Deje leudar alrededor de 1 1/2 horas a temperatura ambiente o hasta que se duplique.

4. Destape la masa y presione para sacar las burbujas de aire. Corta la masa por la mitad o en cuartos, dependiendo del tamaño de las pizzas que vayas a hacer. Forma cada pieza en una bola. Coloque las bolas a varias pulgadas de distancia sobre una superficie enharinada y cubra con una toalla o una envoltura de plástico. Deje crecer 1 hora o hasta que se duplique.

5. Espolvorea ligeramente la superficie de trabajo con harina. Golpee y estire una pieza de masa en un círculo de 9 a 12 pulgadas, aproximadamente 1/4 de pulgada de grosor. Deja el borde de la masa un poco más grueso.

6. Espolvoree generosamente con harina una pala para pizza o una bandeja para hornear sin bordes. Coloque con cuidado el círculo de masa sobre la cáscara. Agite la cáscara para asegurarse de que la masa no se pegue. Si es así, levante la masa y agregue más harina a la cáscara. La masa está lista para cubrirse y hornearse según su receta.

Pizza de mozzarella, tomate y albahaca

pizza margarita

Hace cuatro pizzas de 9 pulgadas o dos pizzas de 12 pulgadas

Los napolitanos llaman a esta pizza clásica, hecha con mozzarella, salsa de tomate natural y albahaca, pizza Margherita en honor a una hermosa reina que disfrutó de la pizza en el siglo XIX.

1 recetaMasa de pizza napolitana, preparado a través del paso 6

2 1/2 tazasSalsa marinara, a temperatura ambiente

12 onzas de mozzarella fresca, en rodajas finas

Parmigiano-Reggiano recién rallado, opcional

Aceite de oliva virgen extra

8 hojas de albahaca fresca

1. Prepara la masa y la salsa, si es necesario. Luego, de 30 a 60 minutos antes de hornear, coloque una piedra para pizza o baldosas de cantera sin esmaltar o una bandeja para hornear en una rejilla en el nivel más bajo del horno. Encienda el horno al máximo: 500° o 550°F.

2. Extienda la masa con una capa delgada de la salsa, dejando un borde de 1/2 pulgada alrededor. Coloque la mozzarella encima y espolvoree con el queso rallado, si lo usa.

3. Abra el horno y deslice suavemente la masa fuera de la cáscara inclinándola ligeramente hacia la parte posterior de la piedra y sacudiéndola suavemente hacia adelante y luego hacia atrás. Hornee la pizza de 6 a 7 minutos o hasta que la masa esté crujiente y dorada.

4. Transfiera a una tabla de cortar y rocíe con un poco de aceite de oliva virgen extra. Corta 2 hojas de albahaca en trozos y espárcelas sobre la pizza. Cortar en gajos y servir inmediatamente. Haga más pizzas de la misma manera con los ingredientes restantes.

Variación: Cubra la pizza horneada con rúcula fresca picada y jamón en rodajas.

Pizza de tomate, ajo y orégano

pizza marinera

Hace cuatro pizzas de 9 pulgadas o dos de 12 pulgadas

Aunque se consumen muchos tipos diferentes de pizza en Nápoles, la asociación oficial de pizzeros napolitanos sanciona solo dos tipos de pizza como auténtica, es decir, la auténtica. Pizza de mozzarella, tomate y albahaca, llamada así por una querida reina, es una, y la otra es pizza marinara, que a pesar de su nombre (marinara que significa "del marinero") se hace sin mariscos. Sin embargo, si pides este tipo de pizza en Roma en lugar de Nápoles, es probable que tenga anchoas.

Masa de pizza al estilo napolitano, preparado a través del paso 6

2 1/2 tazas Salsa marinara, a temperatura ambiente

1 lata de anchoas escurridas (opcional)

orégano seco, desmenuzado

3 dientes de ajo, en rodajas finas

Aceite de oliva virgen extra

1. Prepara la masa y la salsa, si es necesario. Luego, de 30 a 60 minutos antes de hornear, coloque una piedra para pizza, baldosas de cantera sin esmaltar o una bandeja para hornear en una rejilla en el nivel más bajo del horno. Encienda el horno al máximo: 500° o 550°F.

2. Extienda la masa con una capa delgada de la salsa, dejando un borde de 1/2 pulgada alrededor. Disponer las anchoas encima. Espolvorear con el orégano y esparcir el ajo por encima.

3. Abra el horno y deslice suavemente la masa fuera de la cáscara inclinándola hacia la parte posterior de la piedra y sacudiéndola suavemente hacia adelante y luego hacia atrás. Hornee la pizza de 6 a 7 minutos o hasta que la masa esté crujiente y dorada.

4. Transfiera a una tabla de cortar y rocíe con un poco de aceite de oliva virgen extra. Cortar en gajos y servir inmediatamente. Haz más pizzas con los ingredientes restantes.

Antes de hornear, cubra esta pizza con pepperoni en rodajas finas y pimientos picantes en escabeche escurridos.

Pizza con Champiñones Silvestres

Pizza a la Boscaiola

Rinde cuatro pizzas de 9 pulgadas

En Piamonte, unos amigos enólogos nos llevaron a mi esposo ya mí a una pizzería abierta por un hombre de Nápoles. Nos preparó una pizza cubierta con dos ingredientes locales, Fontina Valle d'Aosta, un queso de leche de vaca aterciopelado y champiñones porcini frescos. El queso se derritió maravillosamente y complementó el sabor amaderado de los champiñones. Aunque los porcini frescos son difíciles de conseguir en los Estados Unidos, esta pizza aún se prepara bien con otros tipos de champiñones.

Masa de pizza al estilo napolitano, preparado a través del paso 6

3 cucharadas de aceite de oliva virgen extra

1 diente de ajo, en rodajas finas

1 libra de champiñones surtidos, como champiñones blancos, shiitake y ostra (o use solo champiñones blancos), cortados y rebanados

½ cucharadita de tomillo fresco picado o una pizca de tomillo seco, desmenuzado

Sal y pimienta negra recién molida

2 cucharadas de perejil de hoja plana fresco picado

8 onzas de Fontina Valle d'Aosta, Asiago o mozzarella, en rodajas finas

1. Prepara la masa, si es necesario. Luego, de 30 a 60 minutos antes de hornear, coloque una piedra para pizza, baldosas de cantera sin esmaltar o una bandeja para hornear en una rejilla en el nivel más bajo del horno. Encienda el horno al máximo: 500° o 550°F.

2. En una sartén grande, caliente el aceite con el ajo a fuego medio. Agregue los champiñones, el tomillo y sal y pimienta al gusto y cocine, revolviendo con frecuencia, hasta que los jugos de los champiñones se evaporen y los champiñones estén dorados, aproximadamente 15 minutos. Agregue el perejil y retire del fuego.

3. Extienda las rebanadas de queso sobre la masa, dejando un borde de 1 pulgada alrededor. Cubra con los champiñones.

4. Abra el horno y deslice suavemente la masa fuera de la cáscara inclinándola hacia la piedra y agitándola suavemente hacia adelante y luego hacia atrás. Hornee la pizza de 6 a 7 minutos o hasta que la masa esté crujiente y dorada. Rocíe con un poco de aceite de oliva virgen extra.

5. Transfiera a una tabla de cortar y rocíe con un poco de aceite de oliva virgen extra. Cortar en gajos y servir inmediatamente. Haz más pizzas con los ingredientes restantes.

Calzoni

Rinde 4 calzoncillos

En las calles de Spaccanapoli, la parte antigua de Nápoles, es posible que tengas la suerte de encontrarte con un vendedor ambulante que hace calzoni. La palabra significa "calcetín grande", una descripción adecuada de este pastel relleno. Un calzone se hace con un círculo de masa de pizza doblado como si fuera un pastel alrededor del relleno. Los vendedores ambulantes las fríen en grandes ollas de aceite hirviendo colocadas sobre estufas portátiles. En las pizzerías, los calzoni se suelen hornear.

1 sobre (21/2 cucharaditas) de levadura seca activa o 2 cucharaditas de levadura instantánea

1 1/3 tazas de agua tibia (100° a 110°F)

Alrededor de 31/2 tazas de harina para todo uso sin blanquear

2 cucharaditas de sal

2 cucharadas de aceite de oliva, y más para cepillar las tapas

Relleno

1 libra de ricota de leche entera o parcialmente descremada

8 onzas de mozzarella fresca, picada

4 onzas de prosciutto, salami o jamón picado

½ taza de Parmigiano-Reggiano recién rallado

1. En un tazón grande, espolvorea la levadura sobre el agua. Deje reposar hasta que la levadura esté cremosa, aproximadamente 2 minutos. Revuelva hasta que la levadura se disuelva.

2. Agregue 3 1/2 tazas de harina, la sal y las 2 cucharadas de aceite de oliva. Revuelva con una cuchara de madera hasta que se forme una masa suave. Voltee la masa sobre una superficie ligeramente enharinada y amase, agregando más harina si es necesario, hasta que quede suave y elástica, aproximadamente 10 minutos.

3. Cubra ligeramente un tazón grande con aceite. Coloque la masa en el recipiente, girándola para engrasar la parte superior. Cubra con una envoltura de plástico. Colóquelo en un lugar cálido y sin corrientes de aire y déjelo crecer hasta que doble su volumen, alrededor de 1 1/2 horas.

4. Aplanar la masa con el puño. Cortar la masa en 4 piezas. Forma cada pieza en una bola. Coloque las bolas a varias pulgadas de distancia sobre una superficie ligeramente enharinada. Cubra

sin apretar con una envoltura de plástico y deje crecer hasta que doble su volumen, aproximadamente 1 hora.

5. Mientras tanto, mezcle los ingredientes del relleno hasta que estén bien mezclados.

6. Coloque dos rejillas en el centro del horno. Precaliente el horno a 425°F. Aceite 2 bandejas para hornear grandes.

7. En una superficie ligeramente enharinada con un rodillo, extienda una pieza de masa en un círculo de 9 pulgadas. Coloque una cuarta parte del relleno en la mitad del círculo, dejando un borde de 1/2 pulgada para sellar. Dobla la masa para encerrar el relleno, presionando hacia fuera el aire. Pellizque los bordes firmemente para sellarlos. Luego dobla el borde y vuelve a sellar. Coloque el calzone en una de las bandejas para hornear. Repita con la masa restante y el relleno, colocando los calzoni a varias pulgadas de distancia.

8. Haga un pequeño corte en la parte superior de cada calzone para permitir que escape el vapor. Cepille la parte superior con aceite de oliva.

9. Hornee de 35 a 40 minutos o hasta que estén crujientes y doradas, girando las bandejas aproximadamente a la mitad. Deslice sobre una rejilla para enfriar 5 minutos. Servir caliente.

Variación: Rellene los calzoni con una combinación de ricotta, queso de cabra, ajo y albahaca, o sírvalos cubiertos con salsa de tomate.

Buñuelos De Anchoa

Crispeddi di Alici

hace 12

Estos pequeños rollos rellenos de anchoas son los favoritos en todo el sur de Italia. Crispeddi es un nombre calabrés; Los sicilianos los llaman fanfarichi o simplemente pasta fritta, "masa frita". La familia siciliana de mi esposo siempre los comía en la víspera de Año Nuevo, mientras que otras familias los disfrutan durante la Cuaresma.

1 sobre (2 1/2 cucharaditas) de levadura seca activa o 2 cucharaditas de levadura instantánea

1 1/3 tazas de agua tibia (100° a 110°F)

Alrededor de 3 1/2 tazas de harina para todo uso sin blanquear

2 cucharaditas de sal

1 lata (2 onzas) de filetes de anchoa planos, escurridos y secos

Aproximadamente 4 onzas de queso mozzarella, cortado en tiras de 1/2 pulgada de grosor

Aceite vegetal para freír

1. Espolvorear la levadura sobre el agua. Deje reposar hasta que la levadura esté cremosa, aproximadamente 2 minutos. Revuelva hasta que la levadura se disuelva.

2. En un tazón grande, combine 3 1/2 tazas de harina y la sal. Agregue la mezcla de levadura y revuelva hasta que se forme una masa suave. Voltee la masa sobre una superficie ligeramente enharinada y amase, agregando más harina si es necesario, hasta que quede suave y elástica, aproximadamente 10 minutos.

3. Aceitar un bol grande. Coloque la masa en el recipiente, girándola una vez para engrasar la parte superior. Cubra con una envoltura de plástico. Colóquelo en un lugar cálido y sin corrientes de aire y déjelo crecer hasta que duplique su volumen, aproximadamente 1 hora.

4. Aplane la masa para eliminar las burbujas de aire. Cortar la masa en 12 piezas. Coloque 1 pieza sobre una superficie ligeramente enharinada, manteniendo las piezas restantes cubiertas.

5. Estire la masa en un círculo de aproximadamente 5 pulgadas de diámetro. Coloque un trozo de anchoa y un trozo de mozzarella en el centro del círculo. Levante los bordes de la masa y presiónelos alrededor del relleno, formando una punta como un bolso. Aplanar la punta, presionando el aire. Pellizque la costura

para sellarla herméticamente. Repita con los ingredientes restantes.

6. Cubra una bandeja con toallas de papel. Vierta suficiente aceite para alcanzar 1/2 pulgada de profundidad en una sartén grande y pesada. Caliente el aceite a fuego medio. Agregue algunos rollos a la vez, colocándolos con la costura hacia abajo. Freír los rollos, aplanándolos con el dorso de una espátula, hasta que estén dorados, aproximadamente 2 minutos por cada lado. Escurrir sobre las toallas de papel. Espolvorear con sal.

7. Freír los rollos restantes de la misma manera. Deje que se enfríe un poco antes de servir.

Nota: *Tenga cuidado cuando los muerda; el interior permanece muy caliente mientras que el exterior se enfría.*

www.ingramcontent.com/pod-product-compliance
Lightning Source LLC
Chambersburg PA
CBHW071428080526
44587CB00014B/1771